PLANTES D'INTÉRIEUR

PLANTES D'INTÉRIEUR

Claire Pinson

marabout

Adaptation partielle de *Guide de survie des plantes d'intérieur*,
d'Adrienne Wild, publié chez marabout en 2004

Edition : Odile Raoul
Maquette : Les PAOistes

sommaire

Il existe aujourd'hui une variété fabuleuse de plantes d'intérieur peu onéreuses et largement commercialisées. Il y en a pour tous les décors, qui peuvent s'adapter à toutes les situations dans la maison, et il est très simple d'apprendre à les choisir et à les soigner.

Le choix d'une plante d'intérieur peut être envisagé à la fois comme une science et comme un art. Côté scientifique, il suffit de trouver la plante en adéquation avec un environnement.

L'aspect artistique réside dans la complémentarité de la végétation et du décor. Les plantes sont peut-être l'accessoire de décoration suprême, car elles transforment une maison en foyer et lui confèrent un supplément d'âme et de vie. Le simple fait d'installer une plante exubérante dans une entrée nue métamorphose un espace froid et vide en un lieu accueillant et chaleureux.

L'erreur serait de ne voir dans les plantes que des bibelots et d'oublier que ce sont des êtres vivants avec des besoins de chaleur, de lumière et d'humidité. Le pays d'origine d'une plante détermine des exigences spécifiques et elle dépérira si celles-ci ne sont pas respectées.

choisir une plante

Lors du choix de la plante, vous devrez prendre en compte plusieurs facteurs. La luminosité, l'hygrométrie, la température et l'espace disponible sont vitaux pour la croissance de chaque sujet.

la santé par les plantes

Les plantes offrent beaucoup plus que leur valeur ornementale. Depuis bien longtemps, les plantes d'intérieur sont réputées pour leurs effets bénéfiques sur la santé mais, aujourd'hui, la recherche moderne en apporte la preuve. L'une des découvertes les plus intéressantes est leur capacité surprenante à lutter contre la pollution en éliminant des substances chimiques potentiellement nocives qui sont présentes dans l'air. Elles absorbent aussi le bruit et réduisent les quantités de poussière. Elles accélèrent la guérison en cas de maladie, diminuent la fréquence des rhumes et des maux de gorge, font baisser la tension artérielle et le stress. Enfin, elles procurent une sensation de détente et de bien-être.

les règles de sécurité

En décidant de l'emplacement d'une nouvelle plante, gardez à l'esprit quelques principes de sécurité :

– Évitez de la placer à un endroit où elle obstrue le passage.

– Veillez à ce que les plantes portant des feuilles ou des tiges épineuses ne se trouvent pas à la hauteur des yeux.

– Les plantes toxiques doivent toujours être hors d'atteinte des enfants et des animaux domestiques.

acheter une plante

La richesse du choix peut amener au découragement ou à la tentation d'un achat d'impulsion. Même s'il arrive que ces coups de cœur soient couronnés de succès, il est plus prudent de se donner le temps de la réflexion avant de se lancer.

quand acheter une plante?

Les plantes d'intérieur sont en vente tout au long de l'année, mais l'on trouve les plus belles plantes vertes au printemps et en été, quand elles sont en pleine croissance. C'est aussi la saison la plus sûre pour acheter des plantes tropicales, qui souffriront moins du froid pendant leur transport jusqu'à votre domicile et s'établiront plus vite dans leur nouveau foyer où le chauffage central ne dessèche pas l'atmosphère à cette période. Les plantes à fleurs éclosent à différentes saisons et sont souvent considérées comme des plantes provisoires. Certaines cependant, comme les chrysanthèmes, sont disponibles toute l'année.

où acheter une plante?

Peu importe le type de point de vente pourvu que les plantes aient été cultivées dans les règles et dans de bonnes conditions, à la lumière appropriée et protégées du froid et des courants d'air. Recherchez le sujet ayant la plus belle allure car, s'il est en mauvais état, il a peu de chances de se développer en beauté. Choisissez donc avec soin et procédez à un contrôle sanitaire complet avant l'achat.

le transport

Un changement brutal de température et des courants d'air, même de courte durée, risquent d'endommager la plante, voire de la tuer. Le simple transport du magasin à votre voiture peut causer des dégâts ; veillez donc à bien envelopper la plante pour le voyage. Voici quelques conseils :

– Demandez un manchon de protection en plastique ; en hiver, fermez-en le haut.

– Un carton robuste fournira une isolation supplémentaire et un abri douillet pour le transport.

– Attachez les branches retombantes et enveloppez la plante de façon à ne pas écraser les tiges ni les feuilles.

– Veillez à ne pas laisser la plante trop longtemps dans votre voiture et installez-la le plus tôt possible dans son nouveau foyer.

l'arrosage

Le volume d'eau exigé par chaque plante est fonction de l'espèce, de la taille, de la saison et des conditions de croissance. Quand elles produisent de nouvelles pousses, les plantes ont besoin d'une grande quantité d'énergie et, si les feuilles et les pousses fabriquent leurs aliments à partir de la lumière solaire, les plantes cultivées en pot n'en reçoivent jamais assez pour conserver une belle teinte verte et rester en bonne santé. Par conséquent, la fertilisation est également vitale au printemps et en été.

quand arroser ?

Le flétrissement des feuilles est le signe visible qu'une plante a besoin d'eau mais, dans l'idéal, elle doit être arrosée avant d'atteindre ce stade. Les indices les plus évidents sont la sécheresse du terreau, que vous évaluerez du bout des doigts, et la légèreté du pot. Avec un peu de pratique, vous saurez rapidement les estimer vous-même mais, en cas de doute, il existe divers instruments qui vous faciliteront la tâche (voir ci-dessous).

comment arroser ?

Si vous arrosez une plante souvent et peu, il se peut que le terreau ne soit pas imprégné en profondeur ; il est donc préférable d'arroser moins souvent mais suffisamment.

arroser du dessus

C'est la méthode utilisée pour la plupart des plantes d'intérieur. Versez l'eau sur la surface du terreau. Cessez d'arroser quand le surplus commence à s'écouler par les trous de drainage du pot. Veillez aussi à vider l'excédent de la soucoupe au bout de 30 minutes environ pour éviter que le terreau ne soit détrempé.

arroser par la base

Posez le pot dans une soucoupe remplie d'eau et laissez-le tremper jusqu'à ce que la surface du terreau soit humide. Retirez alors le pot et videz l'excédent d'eau.

Sondes d'humidité Il existe de nombreux types de sondes. Les plus simples sont composées d'un papier absorbant, inséré dans une étiquette, qui change de couleur quand le terreau sèche. Les plus sophistiquées sont équipées d'un détecteur électronique indiquant les baisses d'humidité au niveau des racines.

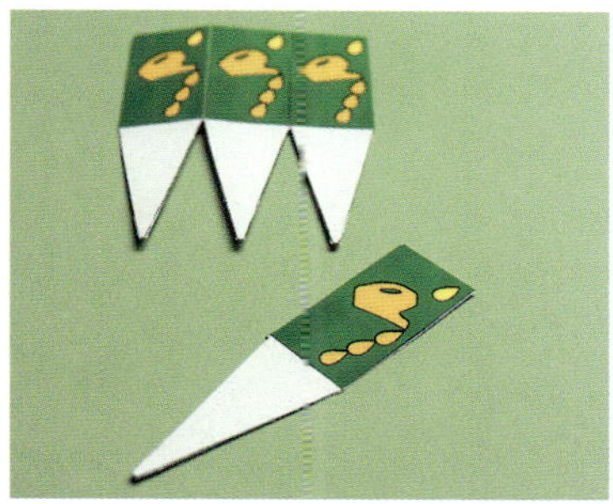

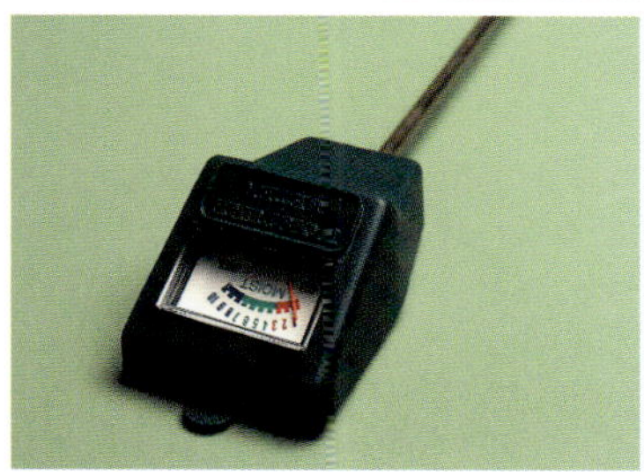

Cette technique est conseillée pour les plantes dont les tubercules, les tiges ou les feuilles sont sensibles à l'humidité.

les conseils d'arrosage

Une plante demande beaucoup d'eau quand :

- elle est en pleine croissance ;
- elle porte une multitude de bourgeons foliaires ou floraux ;
- elle est cultivée en atmosphère sèche ;
- elle est en situation ensoleillée ;
- elle porte beaucoup de feuilles, surtout si celles-ci sont grandes ;
- ses feuilles sont fines et délicates ;
- elle est cultivée dans un pot en terre cuite ;
- elle a des exigences particulièrement élevées, comme les plantes de berges ou de marais ;
- elle est cultivée dans un pot relativement petit.

Une plante demande moins d'eau quand :

- elle est en dormance, particulièrement en hiver ;
- elle est cultivée en conditions fraîches ;
- la luminosité est faible ;
- l'hygrométrie ambiante est élevée ;
- ses feuilles sont épaisses et lustrées ;
- elle est cultivée dans un pot en plastique ;
- elle a des exigences moins élevées, comme les cactées.

baigner

Immergez le pot dans un récipient plus grand ou dans un seau rempli d'eau. Une fois le terreau complètement imprégné, sortez le pot et laissez-le égoutter.

Cette technique convient aux orchidées et aux plantes cultivées en suspension. Elle est également utile pour revigorer une plante desséchée.

les types d'eaux

L'eau du robinet peut être utilisée en toute sécurité pour arroser la majorité des plantes, mais elle est souvent très calcaire. Dans l'idéal, laissez reposer l'eau une nuit complète avant l'arrosage pour qu'elle soit à température ambiante et que le chlore s'évapore.

Pour les plantes acidophiles comme les azalées, préférez l'eau de pluie fraîchement recueillie dans un contenant propre, de l'eau du robinet bouillie et refroidie ou de l'eau distillée.

N'employez jamais d'eau issue d'un adoucisseur domestique, car elle contient des produits chimiques potentiellement dangereux pour la plante.

l'hygrométrie

Dans les intérieurs modernes équipés d'un chauffage central, l'air est souvent très sec et bon nombre de plantes préfèrent une atmosphère plus humide.

la fertilisation

Les plantes en pot ont vite consommé les éléments nutritifs contenus dans leur terreau d'origine ; elles demandent donc une fertilisation périodique.

Les trois éléments essentiels sont : l'azote qui stimule la production de feuilles, le phosphore celle de racines et le potassium celle de fleurs.

Un engrais complet pour plantes d'intérieur comprend les trois, avec un taux plus élevé d'azote. Les engrais riches en potasse sont recommandés pour les plantes à fleurs et à fruits.

les engrais

– Les engrais liquides et les poudres solubles sont absorbés rapidement, mais doivent être apportés fréquemment.

– Les capsules et les dés à diffusion progressive sont insérés dans le terreau à intervalles beaucoup plus longs et sont une solution idéale pour les distraits.

– Les engrais foliaires sont parfaits pour donner un coup de fouet à une plante mourant de faim, car ils sont absorbés très rapidement.

En règle générale, rappelez-vous que les plantes ne demandent à être alimentées que pendant leur croissance (printemps et été), jamais pendant leur dormance (hiver). L'apport d'engrais est également à proscrire dans le cas d'un terreau détrempé ou sec, car les racines risquent d'en pâtir.

pendant les vacances

Les vacances posent davantage de problèmes en été, quand la température est élevée et les plantes en phase de croissance rapide, qu'en hiver, pendant la dormance, quand elles demandent des soins moins fréquents.

– Quelle que soit la saison, si vous ne partez que quelques jours, vous pouvez vous contenter de procurer à vos plantes un bon arrosage et de les transférer dans un endroit frais, à l'abri du soleil direct.

– Si votre absence doit être plus longue, la solution idéale est de demander à un voisin sympathique qu'il arrose vos plantes et qu'il leur apporte leur engrais. Ne vous imaginez pas cependant qu'il connaît parfaitement les besoins de vos plantes. Si elles ont des exigences différentes, dressez une liste précise de vos instructions.

– Si personne ne peut prendre soin de vos plantes, il vous reste encore différentes techniques pour protéger leur santé. Par exemple, commencez par les transférer à un emplacement frais, à l'abri du soleil direct et regroupez-les pour créer une zone d'hygrométrie plus élevée ; ceci limitera leur transpiration et, par conséquent, leurs besoins en eau. Il existe d'autres méthodes pour augmenter l'hygrométrie. L'installation d'un système d'arrosage est aussi à envisager.

les systèmes d'arrosage

Une plante demande beaucoup d'eau quand :
Il existe une vaste gamme de systèmes d'arrosage intégré. Les plus simples sont généralement composés d'un réservoir d'eau relié à la plante par des tubes fins dotés d'une valve réglable pour adapter le débit aux besoins de la plante.
Mais vous pouvez aussi installer votre propre « nounou ». Pour une ou deux plantes, posez une mèche de tissu absorbant, laine ou coton, lacets ou même un collant, une extrémité plongée dans un réservoir d'eau, l'autre enfoncée dans le terreau. Pour alimenter plusieurs plantes, le plus simple est de poser les pots sur un morceau de feutre horticole dans l'évier de la cuisine. Placez ensuite un récipient rempli d'eau sur la paillasse et faites tremper un coin du feutre dans l'eau ; les plantes se nourriront sur la réserve en absorbant de l'eau par l'intermédiaire du feutre, en quantité et en temps nécessaires.

la taille

Le stade élémentaire de la taille est la suppression des feuilles dès qu'elles jaunissent. Si les conditions de culture sont médiocres et les pousses hautes et dégarnies, une taille légère rendra à la plante un aspect soigné.

pourquoi tailler ?

Le premier objectif de la taille est de former la plante et de restreindre son volume. Elle est aussi destinée à éclaircir les tiges enchevêtrées et à rajeunir la plante.

que tailler ?

Commencez par supprimer les pousses mortes, abîmées ou malades. Puis taillez les pousses désordonnées et les rejets qui gâchent l'allure de la plante. Pour encourager un port compact et buissonnant, pincez l'extrémité des pousses. Si vous souhaitez rajeunir une plante trop volumineuse ou négligée, rabattez-la sévèrement, mais vérifiez auparavant qu'elle supportera ce traitement. Retirer les branches enchevêtrées ouvre le centre de la plante et permet une meilleure circulation de l'air qui réduit les risques de maladies fongiques.

comment tailler ?

La plupart des tailles se pratiquent au printemps, au début de la croissance. Les extrémités tendres des pousses peuvent être pincées tout simplement du bout des doigts mais, pour une taille plus sévère, utilisez un couteau ou un sécateur. Le couteau sert pour les tiges encore tendres, le sécateur permet de couper les tiges plus lignifiées sans les abîmer. Coupez juste au-dessus d'un bourgeon, en biseau à partir de celui-ci. Ne taillez pas trop près du bourgeon sous peine de l'abîmer et ne laissez pas non plus un tronçon trop long au-dessus qui serait inesthétique et susceptible de pourrir. Après une taille sévèrVe, réduisez l'arrosage jusqu'à la reprise de la croissance.

les plantes à fleurs

Celles-ci demandent des traitements spécifiques ; vérifiez les besoins particuliers du sujet en vous référant à la description qui lui est consacrée. Certaines fleurissent sur les pousses de l'année ; vous supprimerez donc les tiges de l'année précédente en automne ou en début de printemps pour fournir de l'espace aux nouvelles pousses.

conseils de rempotage

Dans l'espace restreint de son pot, une jeune plante a vite rempli le terreau de racines et épuisé les nutriments disponibles. Il faut alors la rempoter, soit dans un pot de taille supérieure, soit dans un pot de même taille rempli d'un terreau frais. Vérifiez les exigences de chaque plante, certaines devant être rempotées fréquemment, d'autres souffrant d'être dérangées. Certaines apprécient même d'être légèrement à l'étroit.

les mélanges de rempotage

Après le choix du pot vient celui du bon mélange de rempotage. Les deux types principaux sont les mélanges à base de terre franche et les mélanges sans terre ; il existe aussi des mélanges spéciaux pour certaines espèces. Vérifiez les exigences de chaque plante.

quand rempoter ?

La période idéale est le début de printemps, quand la croissance est la plus vigoureuse. Évitez de rempoter pendant ou juste avant la dormance. Quand vous changez de taille de pot, ne voyez pas trop grand, car le terreau inoccupé sera vite détrempé et peut entraîner la pourriture des racines. Une augmentation de 2,5 à 5 cm est idéale.

le surfaçage

Quand la plante a atteint la taille de pot maximale, le surfaçage est la meilleure solution pour lui fournir un mélange frais à intervalles réguliers. Cette technique consiste à retirer le vieux terreau sur 2,5 cm d'épaisseur sans abîmer les racines, puis à le remplacer par un mélange de même nature sur la même hauteur que précédemment. Tassez délicatement et arrosez.

une plante à l'étroit dans son pot : les indices

- les racines atteignent la surface du terreau ;
- les racines sortent par les trous de drainage à la base du pot ;
- une inspection de la motte radiculaire révèle que les racines ont rempli le pot et laissent peu d'espace au terreau ;
- la plante trop volumineuse est disproportionnée par rapport à la taille du pot et menace de basculer ;
- le terreau se dessèche à un rythme accéléré ;
- la plante se flétrit rapidement et demande des arrosages fréquents ;
- la croissance des tiges et des feuilles est très lente.

les plantes d'intérieur : de petits organismes altruistes au service de l'homme et de la planète ?

Certaines plantes ont un pouvoir dépolluant indéniable. Elles permettent d'éviter plusieurs maladies respiratoires, allergies et intoxications, et seraient même capables d'éviter l'apparition de pathologies plus graves, comme les maladies de Parkinson et d'Alzheimer, ou encore certains cancers.

la synergie entre plantes et micro-organismes

Comment font les plantes d'intérieur pour capter les substances toxiques qui rendent l'air malsain ? Ce sont à la fois les feuilles, les racines et les micro-organismes présents dans le sol où vit la plante qui agissent en synergie pour éliminer les produits toxiques.

Une expérience menée en Australie a mis au grand jour un phénomène devenu évident. Les scientifiques ont d'abord observé la dépollution de l'air exercée par différentes plantes en pot. Puis, pour en savoir plus, ils ont séparé les plantes de leur terreau ou substrat, et exposé ce dernier à des composés organiques volatils. Ces COV ont continué à être éliminés, comme lorsque le terreau servait de support à la plante. Forts de ces résultats, les scientifiques en ont déduit que certains micro-organismes étaient parfaitement à même de jouer un rôle dépolluant sans la présence de la plante. Pour aller plus loin, ils ont ensuite exposé la plante à des substances toxiques, ainsi que ses racines complètement débarrassées des micro-organismes dépolluants présents dans le terreau. Le travail de purification s'est poursuivi dans la plupart des cas. En réalité, la symbiose entre micro-organismes et plantes varie selon les sujets : plus elle est forte, plus les propriétés dépolluantes sont efficaces.

De même, les plantes, en transpirant, augmentent le taux d'humidité de l'air, permettant ainsi une diminution des problèmes de gêne respiratoire, de déshydratation de la peau et d'asthme.

des échanges de bons procédés

Les plantes sont-elles aussi altruistes que leur comportement pourrait nous le laisser croire ? Certes non, car en dépolluant notre environnement, elles y trouvent en partie leur compte. Il est bien connu que les plantes vertes, grâce à la chlorophylle contenue dans leurs feuilles, utilisent l'énergie lumineuse pour transformer le gaz carbonique et l'eau en sucres qui leur fournissent l'énergie nécessaire à leur croissance. Elles rejettent en même temps de l'oxygène : c'est le phénomène de la photosynthèse. Or il existe d'autres sources de carbone dans leur environnement direct : elles en puisent dans le sol, et les fameux polluants appelés COV leur en fournissent également. Les plantes et les micro-organismes présents dans le substrat « engloutissent » ainsi les polluants et les transforment en substances nutritives utiles pour leur entretien et leur croissance.

nos amies les plantes

Les plantes transforment le gaz carbonique ou dioxyde de carbone (CO2)qui les entoure en oxygène, grâce au phénomène de la photosynthèse. C'est bénéfique à l'être humain, pour lequel un excès de gaz carbonique se révèle nocif.

La transpiration des plantes augmente l'hygrométrie, et améliore par conséquent la qualité de l'air.

Grâce à leurs feuilles, les plantes absorbent les différents polluants volatils qui les entourent et les éliminent ou les gardent dans leurs tissus.

Sur les racines des plantes dépolluantes, on trouve des micro-organismes. Ces derniers permettent d'éliminer certains polluants qui parviennent dans le substrat de la plante, puis qui sont absorbés et détruits par les racines.

Toutes les plantes que nous allons évoquer dans cet ouvrage ont ces vertus dépolluantes (voir encadré page de gauche). Plus les échanges entre l'environnement et la plante elle-même sont importants, plus l'action de la plante sera intense, et plus les micro-organismes présents dans le substrat généreront d'éléments nutritifs. Ainsi, la destruction des éléments polluants sera encore plus prompte.

En toute logique, les plantes qui ont une grande quantité de feuilles et qui transpirent de manière importante ont de plus grandes capacités à dépolluer l'environnement.

les principales sources de pollution de nos maisons

Après avoir lu cet ouvrage, vous ne regarderez plus votre maison de la même façon. Vous achèterez de belles plantes d'intérieur qui, outre le fait de purifier votre habitat, le décoreront agréablement, vous permettant de faire ainsi d'une pierre deux coups.

Quels sont les polluants qui vous gâchent la vie (et la santé) ?

Leurs noms sont parfois aussi barbares que leurs effets ! Citons les principaux et leurs conséquences sur la santé.

Il existe deux catégories principales de polluants de l'air intérieur. On appelle les premiers les composés organiques volatils (COV), que l'on ne peut pas voir, mais qui envahissent toutes les pièces de nos habitats (formaldéhyde, benzène, toluène...). Les deuxièmes sont les produits de combustion, comme le monoxyde de carbone.

mauvaises ondes Évoquons une source de pollution autre que les composants chimiques : il s'agit des ondes électromagnétiques. Il faut savoir qu'un champ électromagnétique associe un champ électrique et un champ magnétique. Quand le courant circule, le champ magnétique se manifeste. Et plus l'intensité du courant est forte, plus le champ magnétique est puissant. Il est donc déconseillé de s'entourer à l'excès d'appareils électriques ou de rester trop proche d'eux : téléphone portable, réveil, écran d'ordinateur, micro-ondes, wifi, téléphones sans fil... Pourquoi ? Parce que les ondes émises par le champ magnétique seraient fortement incriminées dans l'apparition de certaines maladies : maux de tête, fatigue, troubles hormonaux, immunitaires, cardio-vasculaires ou neurologiques, leucémies... La prudence s'impose donc. Entourez-vous de plantes qui ont la capacité de capter ces mauvaises ondes, tels le cactus cierge et l'arbre de Jade, à poser en priorité à côté de votre ordinateur, téléviseur et radioréveil. De même, placez vos écrans de préférence près d'une fenêtre (que vous ouvrirez régulièrement). Éteignez-les dès que vous ne vous en servez plus et débranchez vos appareils plutôt que de les mettre en veille.

On peut également citer la catégorie de polluants moins courants ou interdits au sein des habitats, celle des pesticides et des biocides, comme le lindane, présent notamment dans les lotions anti-poux, et la catégorie des polluants divers, rares ou interdits, tels que l'amiante et l'ammoniac.

les COV

- **Le formaldéhyde (ou formol)**, qui peut provoquer des cancers, des affections respiratoires, des maux de tête, des allergies et une fatigue importante. Il fragilise les défenses immunitaires.

- **Les éthers de glycol**, qui jouent un rôle néfaste sur la reproduction et la fertilité.

- **Le benzène, le xylène, le toluène et le styrène**, qui provoquent des anémies, des leucémies et des cancers.

- **Le trichloréthylène**, qui s'attaque au foie et aux reins, est toxique pour le système nerveux central, irrite la peau et les muqueuses, est cancérigène et dérègle les systèmes hormonaux.

- **Le paradichlorobenzène**, qui serait cancérigène.

- **Le chlorure de vinyle monomère ou PVC**, qui s'attaque au foie, aux reins et à l'appareil reproducteur, est cancérigène et dérègle les systèmes hormonaux.

- **L'acétone**, qui provoque des irritations des muqueuses, du nez et des yeux.

- **Le néoprène**, qui provoque des allergies.

• **Le polyuréthane**, matériau dangereusement inflammable, qui serait cancérigène.

les produits de combustion

• **Le monoxyde de carbone**, qui provoque des nausées, des malaises et des vertiges. Absorbé en grande quantité, ce gaz inodore est mortel.

• **Les oxydes de soufre et d'azote**.

• **La fumée de tabac, les gaz d'échappement**, les émanations de cuisine, celles des appareils de chauffage par combustion.

les pesticides et les biocides

• **Le PCP, ou pentachlorophénol**, un fongicide utilisé pour protéger le bois et la pâte à papier. Responsable de multiples troubles, il est aussi considéré comme un agent cancérigène.

• **Le lindane**, qui s'attaque au système neurologique et qui est mutagène et cancérigène.

• **L'endolsufan**, interdit d'usage en France depuis 2006, qui est dangereux pour l'environnement. Il est nocif à cause de ses composants qui, absorbés par inhalation, ingestion ou pénétration cutanée, peuvent entraîner des risques graves, aigus ou chroniques et même la mort. Il est aussi irritant pour les yeux.

• **Le dichlorvos**, qui serait cancérigène.

• **L'arsenic**, utilisé pour traiter le bois en intérieur, qui provoque, entre autres, des cancers des poumons.

les favoris des plantes

Parmi ces éléments toxiques, plusieurs sont absorbés en partie par certaines plantes dépolluantes : l'ammoniac, le benzène, le formaldéhyde, le toluène, le xylène, le trichloréthylène et le monoxyde de carbone.
Pour lutter contre leurs effets nocifs, il est également essentiel d'aérer tous les jours chaque pièce de la maison pendant au moins 10 minutes.

autres polluants

• **L'amiante**, cancérigène et interdite.

• **La laine de roche et la laine de verre**, dont les fibres très fines peuvent pénétrer au sein du système respiratoire.

• **L'ozone**, présent dans les gaz d'échappement, les imprimantes laser, les photocopieurs. Il diminue les mécanismes de défense immunologique et amoindrit la résistance aux infections respiratoires.

• **Le radon**, gaz radioactif, cancérigène.

• **Le plomb et le cadmium**, qui sont présents dans la fumée de tabac, les stabilisants contenus dans le PVC et certaines peintures anciennes.

• **L'ammoniac**, qui produit des gaz toxiques attaquant le système respiratoire.

• **Les résines époxy**, toxiques au contact de la peau, qui provoquent des allergies cutanées et respiratoires.

• **Le white spirit**, irritant et dangereux pour le système nerveux central, qui provoque des irritations nasales, oculaires et pulmonaires, des sensations de vertige, une altération des fonctions psychomotrices, etc.

• **Les phtalates**, que l'on trouve dans certains cosmétiques, produits ménagers, déodorants et dans le PVC, ainsi que leurs dérivés : le diéthylhexylphtalate, perturbateur endocrinien, le di-isononylphtalate, qui s'attaque aux reins et au foie, et les disiodécyldes, trouvant refuge dans les tissus graisseux.

• **Les ondes électromagnétiques**, responsables de certains cancers.

comment se prémunir au mieux de la pollution intérieure ?

Pour protéger votre environnement intérieur de la pollution, il existe quelques gestes simples à adopter, et qui deviendront rapidement des réflexes quotidiens.

Pensez à employer des matériaux naturels, non traités, biologiques ou écologiques pour les peintures, les revêtements de sol, les rideaux, le linge de toilette, les housses de coussin, les housses de canapé, les garnitures de coussin et de fauteuil (en lin, en coton ou autres tissus non traités).

Si vous avez déjà utilisé des produits traités, tentez de dépolluer le plus possible les pièces peintes avec de la peinture emplie de polluants, ou dont les sols sont recouverts de moquette ou de linoléum chargés de produits toxiques. Pour ce faire, placez dans des endroits stratégiques des plantes dépolluantes qui dévoreront ces poisons.

Utilisez le moins possible de produits d'entretien et, bien évidemment, choisissez des produits bio. Certes, ils sont plus chers, mais vous les utiliserez en moins grandes quantités.

Réhabilitez les trucs et astuces de grand-mère, économiques et écologiques, pour nettoyer votre maison.

Plutôt qu'une lessive classique, utilisez une boule de lavage. Écologique et économique, elle contient des billes de céramique, qui provoquent une réaction physico-chimique avec le linge. On peut effectuer des centaines de lavages avec la même boule.

Veillez à aérer au moins cinq minutes par jour votre intérieur pour en renouveler l'air ambiant.

Renoncez à occulter les conduits d'aération qui permettent de renouveler et de bien faire circuler l'air de votre habitat. De même, dépoussiérez les bouches d'aération et faites installer une ventilation mécanique contrôlée (VMC), qui contribuera à régénérer l'atmosphère de la maison.

Faites réviser annuellement votre chaudière et ramoner votre cheminée.

installer les plantes d'intérieur dans la maison

Toutes les pièces de la maison peuvent être envahies par différents polluants, qui varient selon l'aménagement de chacune.

Ainsi, on choisira d'installer une plante captant les ondes électromagnétiques dans le bureau, à côté de l'ordinateur, et une autre absorbant l'ammoniac, souvent présent dans les produits d'entretien, dans la cuisine, le cellier ou la salle de bains. Ces pièces sont également des emplacements idéaux pour accueillir les végétaux qui éliminent le CO_2, tout comme les chambres. On placera dans le salon des plantes capables d'absorber des éléments toxiques tels que le formaldéhyde, contenu dans les meubles en bois aggloméré ; dans l'entrée et près du garage, celles qui éliminent le benzène. Les cages d'escaliers et les combles accueilleront les plantes qui exigent peu de lumière, mais capables de détruire les produits dangereux comme le xylène ou le toluène, contenus dans les cires et les vernis. Dans la véranda, souvent haute et vaste, et lieu de prédilection des fumeurs, on placera toutes les plantes susceptibles de capter les polluants présents dans la fumée de cigarette.

entrée

Aglaonéma
Arbre-ombrelle
Bégonia à fleurs
Cactus de Noël
Caoutchouc
Cycas du Japon
Dracaena 'Janet Craig'
Dracaena 'Warneckii'
Faux dattier
Figuier lyre
Gerbéra
Kentia
Maranta
Palmier nain
Phalangère
Philo
Philodendron arborescent
Philodendron grimpant
Philodendron « oreilles d'éléphant »
Philodendron rouge
Pin de Norfolk
Poinsettia
Tulipe
Vase d'argent
Yucca

cage d'escalier

Aglaonéma
Cycas du Japon
Figuier pleureur
Philodendron grimpant
Poinsettia
Yucca

chambre

Aloe vera
Arbre de Jade
Cactus cierge
Cactus de Noël
Caoutchouc
Chrysanthème
Cycas du Japon
Cyclamen de Perse
Dieffenbachia séguine
Dracaena fragrant
Dragonnier de Madagascar
Figuier à feuilles de sabre
Figuier pleureur
Fleur-de-lune
Fougère de Boston
Fougère Kimberly Queen
Fougère nid d'oiseau
Gerbéra
Kalanchoé
Langue-de-belle-mère
Lierre commun
Maranta
Orchidée dendrobium
Palmier bambou
Palmier nain
Philodendron arborescent
Philodendron « oreilles d'éléphant »

salon

Aloe vera
Arbre de Jade
Arbre-ombrelle
Bananier nain
Beaucarnéa
Bégonia à fleurs
Cactus cierge
Cactus de Noël
Caoutchouc
Chrysanthème
Croton
Cycas du Japon
Dieffenbachia séguine
Dracaena fragrant
Dracaena 'Janet Craig'
Dracaena 'Warneckii'
Dragonnier de Madagascar
Faux dattier
Figuier à feuilles de sabre
Figuier lyre
Figuier pleureur
Fleur-de-lune
Fougère de Boston
Fougère Kimberly Queen
Fougère nid d'oiseau
Gerbéra
Kalanchoé
Kentia
Langue-de-belle-mère
Lierre commun
Maranta
Orchidée dendrobium

Palmier d'Arec
Palmier bambou
Phalangère
Philo
Philodendron arborescent
Philodendron grimpant
Philodendron « oreilles d'éléphant »
Pin de Norfolk
Plante-paon
Poinsettia
Pothos
Tulipe
Vase d'argent
Yucca

cuisine

Anthurium
Arbre de Jade
Azalée de l'Inde
Beaucarnéa
Cactus cierge
Chrysanthème
Croton
Cycas du Japon
Dracaena fragrant
Dragonnier de Madagascar
Figuier à feuilles de sabre
Fleur-de-lune
Fougère de Boston
Fougère Kimberly Queen
Fougère nid d'oiseau
Langue-de-belle-mère
Palmier d'Arec
Palmier nain
Phalangère
Philodendron rouge
Tulipe
Yucca

salle de bains

Aglaonéma
Anthurium
Arbre de Jade
Azalée de l'Inde
Beaucarnéa
Chrysanthème
Croton
Cycas du Japon
Dracaena fragrant
Dragonnier de Madagascar
Fleur-de-lune
Fougère de Boston
Fougère Kimberly Queen
Fougère nid d'oiseau
Lierre commun
Palmier d'Arec

Palmier nain

Philodendron rouge

Yucca

bureau

Aglaonéma

Arbre de Jade

Bananier nain

Beaucarnéa

Cactus cierge

Cycas du Japon

Dracaena 'Janet Craig'

Dragonnier de Madagascar

Figuier à feuilles de sabre

Figuier pleureur

Fleur-de-lune

Kalanchoé

Langue-de-belle-mère

Lierre commun

Maranta

Palmier d'Arec

Palmier nain

Philodendron arborescent

Philodendron grimpant

Philodendron « oreilles d'éléphant »

Pothos

atelier

Cyclamen de Perse

Dracaena 'Warneckii'

Faux dattier

Fleur-de-lune

Langue-de-belle-mère

Lierre commun

Palmier bambou

Philodendron arborescent

Pothos

Syngonium

véranda

Aloe vera

Bananier nain

Caoutchouc

Croton

Cycas du Japon

Faux dattier

Figuier lyre

Figuier pleureur

Pin de Norfolk

Plante-paon

Poinsettia

Vase d'argent

près du garage

Arbre-ombrelle

Dracaena 'Warneckii'

Faux dattier

Figuier à feuilles de sabre

Kentia

Langue-de-belle-mère

Palmier bambou

Pothos

Syngonium

cellier

Cyclamen de Perse

Philodendron arborescent

Philodendron rouge

combles

Aglaonéma

Dieffenbachia séguine

Philodendron rouge

maladies et parasites des plantes d'intérieur

araignées rouges

Symptômes : ces minuscules insectes sucent la sève au revers des feuilles dont la face supérieure se déforme, se décolore et devient collante. Dans les cas graves, une toile d'araignée blanche court des feuilles aux tiges.

Étant donné la taille des insectes, inspectez vos plantes à la loupe.

Les atmosphères très chaudes et sèches sont propices aux attaques d'araignées rouges.

Traitement : éliminez les feuilles atteintes et vaporisez la plante avec un insecticide bio. Augmentez l'hygrométrie par une brumisation quotidienne et posez le pot sur des graviers humides.

botrytis/pourriture grise

Symptômes : ce champignon prolifère dans une atmosphère fraîche et humide et colonise les parties aériennes des plantes ayant subi des attaques de ravageurs, les feuilles déchiquetées et les fleurs ou les tiges abîmées. Les feuilles et les tiges surtout se couvrent d'un feutrage gris.

Traitement : coupez les parties affectées et détruisez-les.

Saupoudrez les blessures de fleur de soufre. Vaporisez la plante avec un fongicide bio et améliorez les conditions de culture (arrosage réduit et meilleure aération).

cochenilles à carapace

Symptômes : cet insecte est doté d'une carapace protectrice bombée brun foncé. Il suce la sève des feuilles, ce qui les fait jaunir, et les recouvre d'un miellat collant.

Les larves fraîchement écloses rampent sur la plante à la recherche d'un lieu de séjour et se fixent généralement au revers des feuilles ou sur les tiges. Au stade adulte, elles ne bougent plus jamais.

Traitement : retirez les insectes avec un tissu humide ou un tampon d'ouate imbibé d'alcool à brûler et arrosez avec un insecticide bio pour tuer les œufs.

cochenilles farineuses

Symptômes : ce petit insecte à corps mou gris rosâtre est couvert d'une cire blanche et duveteuse, et suce la sève des tiges et des feuilles tendres, provoquant jaunissement, marbrure et flétrissement. Dans les cas graves, les feuilles tombent. Ces cochenilles forment des colonies et sécrètent un miellat collant propice au développement de la fumagine.

Traitement : retirez les cochenilles avec un linge humide ou un tampon d'ouate imbibé d'alcool à brûler et traitez la plante avec un insecticide bio.

cochenilles farineuses des racines

Symptômes : cette créature blanche laineuse, similaire à la cochenille farineuse, suce la sève des racines et provoque un dépérissement de la plante et un rabougrissement des pousses. On en trouve des colonies sur les racines et à la base des tiges. Les dégâts sont généralement pires chez les plantes manquant d'arrosage et dont le terreau est sec en permanence.

Traitement : taillez toutes les racines atteintes avant de baigner la plante dans un insecticide bio.

fumagine

Symptômes : ce champignon noir, couleur de suie, prolifère sur le miellat poisseux sécrété par les insectes suceurs. La fumagine s'accumule sur la face supérieure des feuilles, faisant écran à la lumière et bouchant les stomates. Au début, les feuilles jaunissent, mais, en l'absence d'un traitement approprié, la santé et la vigueur de la plante sont gravement affectées.

Traitement : essuyez les feuilles de la plante avec un tissu humide pour éliminer la fumagine et, à titre préventif, vaporisez toute la plante avec un insecticide bio qui tuera les insectes.

mouches blanches

Symptômes : appelées aussi aleurodes, ces minuscules mouches pullulent et se propagent rapidement d'une plante à l'autre. La larve verdâtre se fixe au revers des feuilles dont elle suce la sève et qu'elle recouvre d'un miellat poisseux. Les feuilles gravement touchées jaunissent et tombent.

Traitement : arrosez les plantes infestées avec un insecticide bio qui tuera à la fois les larves et les insectes adultes. Vous piégerez les adultes en accrochant des bandes engluées parmi vos plantes.

oïdium

Symptôme : ce champignon se développe à la surface des feuilles, puis se répand sur les fleurs et les tiges, et forme un dépôt d'un blanc grisâtre, à l'aspect poudreux. Les parties affectées se décolorent et se déforment et la santé générale de la plante périclite au fil du temps, jusqu'au dépérissement si elle n'est pas traitée.

Cette maladie est favorisée par des conditions très chaudes et sèches.

Traitement : supprimez les feuilles très marquées et vaporisez la plante avec un fongicide bio ou saupoudrez-la de fleur de soufre. Améliorez aussi la ventilation autour de la plante.

otiorrhynques

Symptômes : l'insecte adulte se nourrit la nuit et découpe des encoches sur les bords des feuilles. Il pond dans le terreau et, après l'éclosion, les larves de forme recourbée, apodes, blanc crème à tête brune, dévorent rapidement les racines. La plante croît plus lentement, se flétrit et finit par mourir.

Traitement : il faut se débarrasser des plantes infestées. Il est également bon de vérifier que les autres plantes ne sont pas atteintes.

pucerons

Symptômes : généralement verts, mais parfois aussi gris ou bruns, ces insectes suceurs attaquent toutes les parties de la plante, surtout les pousses tendres qui se déforment rapidement et que les sécrétions de miellat rendent poisseuses.

La plante s'affaiblit et risque la fumagine. Les pucerons transportent aussi des maladies virales incurables.

Traitement : en cas d'infestation légère, nettoyez la plante avec un savon non détergent ou vaporisez-la avec un insecticide bio. Coupez les feuilles déformées. Jetez la plante si elle est trop abîmée.

tétranyques tisserands

Symptômes : acarien parasite à la reproduction très rapide, le tétranyque tisserand pique les feuilles pour en aspirer le liquide cellulaire. Les feuilles deviennent d'un gris mat piqué de blanc, se nécrosent, et la plante dépérit.

Visible à la loupe, cet acarien peut développer des colonies importantes. Le fil de soie qu'il tisse pour se déplacer d'une plante à une autre peut entraver le développement de la plante.

Traitement : pulvérisez régulièrement de l'eau sur le feuillage et choisissez un insecticide bio adapté.

thrips

Symptômes : très petits insectes piqueurs (moins de 2 mm) au corps allongé, qui ne s'observent qu'à la loupe, les thrips déchirent l'épiderme des feuilles et vident le contenu des cellules. La plante prend alors une teinte grise et se dessèche. Les fleurs présentent des marques blanches, les feuilles deviennent argentées, puis tombent.

Traitement : coupez les feuilles déformées et vaporisez la plante avec un insecticide bio "spécial pucerons". Pulvérisez de l'eau sur le feuillage deux fois par jour.

plantes d'intérieur

aglaonéma

Aglaonema commutatum Aracées

Plante efficace contre
le formaldéhyde,
le benzène

Pièces de la maison
entrée, bureau,
cage d'escalier, salle
de bains, combles

Voici une plante compacte à croissance lente. Ses fleurs, évoquant celles de l'arum, s'épanouissent en été, mais sont peu visibles parmi les feuilles très décoratives et sont suivies de baies rouges toxiques. Elle est parfaite dans les pièces peu éclairées mais demande des soins attentifs.

Espèces et variétés

La variété présentée ici est 'Silver Spear'. 'Silver Queen' est une variété hybride de l'espèce *Aglaonema commutatum*. Ses feuilles d'environ 15 cm de long, marquées d'argent, sont extrêmement séduisantes. 'Silver King', presque entièrement gris argenté, est une autre variété courante.

Où la placer ?

Aglaonema commutatum aime l'ombre des combles, des cages d'escalier et des entrées, mais s'épanouira aussi dans votre bureau ou votre salle de bains, si ces lieux ne sont pas trop lumineux, ou encore dans les coins ombragés de votre salon.

modérée

entre 15 et 21 °C,
voire 25 °C
10 °C au minimum

été

régulier,
léger en hiver

tous les 2 ou 3 ans

cochenilles
fréquentes

Taille et port

Cette plante forme une touffe chargée de feuilles elliptiques portées par de courtes tiges partant du sol. Les limbes, d'environ 20 cm de long, sont oblongs à ovales, avec une extrémité effilée. En grandissant, la plante développe un tronc court. Adulte, elle atteint environ 50 cm de haut.

Lumière et température

Elle exècre la lumière vive, qui fait virer ses feuilles au vert, et le soleil direct, qui les brûle. Elle prospère à l'ombre, mais une lumière trop faible entrave sa croissance. Une pièce chaude, d'une température comprise entre 15 et 21 °C, lui convient, mais elle sera plus vigoureuse si la température est plus élevée. Elle déteste les courants d'air.

Arrosage et fertilisation

L'arrosage doit être régulier pour que le terreau reste humide. Pendant les mois d'hiver, les besoins en eau sont moindres. Arrosez du dessus et videz l'excédent d'eau de la soucoupe au bout de 30 minutes environ.

Pendant la saison de croissance, une plante établie demande à chaque arrosage un apport léger d'engrais liquide, qui stimulera la floraison. Un arrosage excessif fait pourrir les racines, ce qui peut entraîner la mort de l'aglaonéma. Un terreau détrempé dégage une odeur fétide.

Astuce

Dans une atmosphère chaude, augmentez l'hygrométrie en posant le pot sur un plateau garni de graviers humides. Ne vaporisez pas la plante, à moins que la température soit si élevée que les feuilles puissent sécher aussitôt.

Maladies et parasites

Les feuilles humides virent parfois au noir et pourrissent à basse température ; rectifiez la technique d'arrosage en fonction de la température de la pièce et de la saison. Sur les pétioles des feuilles s'abritent parfois des cochenilles, qui sécrètent une cire blanche et duveteuse. Ôtez-les avec un tampon d'ouate humide et traitez ensuite la plante avec un insecticide biologique.

Les vertus dépolluantes

La totalité de la plante s'avère dépolluante. Elle élimine le formaldéhyde, qu'elle filtre à raison de 5 à 10 µg par heure selon la taille de la plante, ainsi qu'une quantité non négligeable de benzène. Plus elle grandit, plus ses qualités dépolluantes se développent.

aloe vera

Aloe barbadensis Liliacées

Plante efficace contre
le formaldéhyde, le monoxyde de carbone

Pièces de la maison
salon, véranda, chambre et tous les endroits lumineux

L'aloe vera forme une touffe dressée de feuilles succulentes gris-vert tachetées. Originaire d'Afrique du Nord, il est très répandu dans les pays tropicaux secs. À l'intérieur de la feuille se trouve une pulpe charnue qui lui permet de survivre durant les périodes de sécheresse.

Espèces et variétés

En plus de l'espèce *Aloe barbadensis*, citons *A. vera*, aux feuilles gris-vert, dressées ; *A. brevifolia*, aux colonies de rosettes ornées de petites pointes blanchâtres ; *A. variegata*, aux rosettes zébrées ; *A. erinacea*, aux nombreuses épines, blanches, brunes ou noires.
L'aloe vera est réputé depuis plus de 3 000 ans pour ses vertus médicinales : il apaise les brûlures, soulage l'arthrite et sert de base à de nombreux cosmétiques.

Où le placer ?

L'aloe vera apprécie les lieux ensoleillés : disposez-le dans la véranda, dans le salon, sur les rebords de fenêtre bien éclairés ; ou encore dans la chambre, pour sa capacité à absorber le dioxyde de carbone la nuit.

vive

entre 18 et 24 °C

octobre à mars,
parfois en été

régulier
mais modéré,
très léger en hiver

au printemps,
tous les ans
ou tous les 2 ans

rarement,
cochenilles
et araignées rouges

Taille et port

On le reconnaît à ses feuilles à épines blanches, qui peuvent atteindre 60 cm de long ; ses fleurs jaunes ou orange, disposées en épis, apparaissent en hiver. Mais il lui arrive aussi de fleurir en été quand il baigne dans suffisamment de lumière. Alors que les feuilles sont plutôt vert vif chez le sujet jeune, elles tournent au gris lorsqu'il devient adulte. Il peut alors atteindre 2 m de hauteur.

Lumière et température

Il apprécie beaucoup la lumière, même le soleil direct. L'important est de ne jamais le placer à l'ombre ou dans un lieu où la lumière est trop tamisée. Il supporte une température descendant jusqu'à 10 °C, voire 4 °C les nuits d'hiver, mais s'épanouira bien si vous réglez votre thermostat entre 18 et 24 °C. Il s'agit donc d'une plante très facile à vivre.

Arrosage et fertilisation

Arrosez régulièrement, mais modérément. En hiver, maintenez le substrat presque sec entre chaque arrosage ; l'eau ne doit surtout pas stagner, pour éviter que les racines ne pourrissent. Fertilisez 1 fois par mois avec un engrais adapté. Plantez-le dans un pot stable en céramique, loin du passage pour ne pas risquer de briser les feuilles. Dans de bonnes conditions, l'aloe vera peut vivre de 5 à 20 ans en intérieur.

Maladies et parasites

L'aloe vera peut faire l'objet d'une attaque de parasites tels que la cochenille ou l'araignée rouge, mais il est généralement peu sujet aux maladies et aux parasites, ce qui lui donne un atout supplémentaire.
En cas d'infestation, traitez-le avec un insecticide biologique et vérifiez vos autres plantes.

Les vertus dépolluantes

Il s'avère efficace pour éliminer le formaldéhyde et absorber le monoxyde de carbone.

Astuces

Lors du rempotage, utilisez un terreau standard acheté dans le commerce, car il favorise le drainage de l'eau d'arrosage.

L'été, vous pouvez placer l'aloe vera dehors ; mais en cas de pluie, ne laissez pas l'eau stagner à la base des rosettes.

anthurium

Anthurium scherzerianum Aracées

Plante efficace contre
l'ammoniac,
le xylènele
formaldéhyde,
le monoxyde
de carbone

Pièces de la maison
cuisine, salle de bains

Cette plante exotique aux grandes spathes cireuses et cordiformes s'orne en son centre de spadices orange qui s'enroulent en spirale. On l'appelle aussi « flamant rose » ou encore « langue-de-bœuf ». Sa floraison se prolonge de nombreuses semaines, du printemps à la fin de l'été.

Espèces et variétés

Anthurium andreanum est presque identique à *A. scherzerianum*, mais ses fleurs sont roses, orange ou rouges et il est un peu plus grand. 'Pistachio', aux teintes pistache et tilleul, et 'Rothschildianum', taché d'écarlate, sont deux cultivars d'*A. scherzerianum*.

Où le placer ?

L'anthurium est parfait dans la cuisine et dans la salle de bains, où l'on utilise beaucoup l'ammoniac. De plus, ce sont des pièces à hygrométrie élevée, ce qui est idéal pour cette plante qui aime l'humidité.

vive, mais pas directement au soleil

supporte 15 °C, mais à l'abri des courants d'air

printemps, été

régulier pendant la croissance, léger en hiver

au printemps, si la plante déborde de son pot

botrytis (pourriture grise)

Taille et port

Les feuilles, souvent presque acaules, sont rassemblées en bouquet au collet et composent une plante buissonnante d'une hauteur et d'une envergure finales de 30 à 45 cm. Les spathes cireuses, rouges, roses ou blanches surplombent des feuilles lancéolées vert foncé et sont portées par des pédoncules teintés de rouge. Les feuilles atteignent 20 cm de long et les fleurs 5 cm de long.

Lumière et température

Cette plante apprécie une lumière vive tout au long de l'année, mais doit être protégée du soleil direct. Elle préfère une chaleur constante de 18 à 22 °C, mais prospère à des températures plus fraîches, autour de 15 °C, pourvu qu'elle ne soit pas exposée aux courants d'air.

Arrosage et fertilisation

Arrosez régulièrement pendant la croissance active, mais laissez le terreau sécher quelque peu entre deux arrosages. L'anthurium exige moins d'eau en hiver mais ne le laissez jamais se dessécher, ni au contraire baigner dans un terreau détrempé, sous peine qu'il dépérisse. Arrosez du dessus, avec de l'eau de pluie, et videz l'excédent d'eau de la soucoupe au bout de 30 minutes. Au printemps et en été, apportez un engrais pour plantes vertes toutes les 2 semaines.

Astuce

Dépoussiérez délicatement les feuilles à l'aide d'une éponge humide, mais évitez de manipuler les jeunes feuilles encore tendres, qui se marquent facilement. Ne vaporisez pas de produit lustrant.

Maladies et parasites

Si des taches brunes apparaissent sur les feuilles, il peut s'agir d'une maladie fongique, notamment le botrytis (ou pourriture grise) ; pour soigner votre anthurium, vaporisez un fongicide biologique et améliorez les conditions de culture, car le froid et l'humidité sont propices à toutes sortes de champignons et risquent de tuer la plante. Si les feuilles virent au jaune, il se peut que l'atmosphère soit trop froide et le terreau trop humide. Laissez le terreau s'assécher avant d'arroser à nouveau et transférez la plante dans un endroit plus chaud.

Les vertus dépolluantes

L'anthurium est très efficace pour éliminer l'ammoniac et le xylène. Il absorbe aussi le formaldéhyde, en moindre quantité, et a également le pouvoir d'éliminer en partie le monoxyde de carbone.

arbre de Jade

Crassula ovata Crassulacées

Plante efficace contre les ondes électromagnétiques, les micro-ondes, l'ammoniac

Pièces de la maison
salon, bureau, cuisine, chambre, salle de bains

L'arbre de Jade, plante succulente aux feuilles charnues et pleines, est très décoratif et facile à cultiver. Il vivra longtemps dans des conditions moyennes d'intérieur, pourvu que soient respectés ses besoins en eau et en lumière. En effet, il réclame du soleil et un éclairage franc.

Espèces et variétés

Cette plante est parfois vendue sous le nom de *Crassula argentea*. *C. arborescens* est une plante similaire, aux feuilles grisâtres.

Où le placer ?

Placez l'arbre de Jade près des sources d'ondes, dans le bureau, la cuisine, le salon, la chambre ou tout lieu susceptible d'être envahi par les ondes, ainsi que dans les pièces où l'on range les produits d'entretien.

vive, soleil direct

entre 7 °C (en hiver) et 24 °C

hiver

généreux durant la phase de croissance

au printemps

cochenilles

Taille et port

Dans des conditions de culture idéales, cette plante buissonnante atteindra 1,20 m de haut. Elle présente un port ramifié et des feuilles rondes, charnues et lustrées, pouvant mesurer jusqu'à 4 cm de long. Elles sont souvent bordées de rouge ou de vert pâle. Des bouquets de fleurs étoilées blanches apparaissent en hiver à l'extrémité des pousses.

Lumière et température

L'arbre de Jade croît en beauté sur un rebord de fenêtre ensoleillé et tire profit d'un été au jardin, car l'air frais et le soleil endurcissent les tiges et avivent la coloration du feuillage. Il apprécie la fraîcheur en hiver, idéalement une température de 10 °C, mais tolère jusqu'à 7 °C.

Arrosage et fertilisation

Arrosez généreusement pendant la période de croissance, mais laissez toujours la moitié supérieure du terreau se dessécher entre deux arrosages.

Espacez les arrosages en hiver, au rythme d'1 fois par mois ou tous les 2 mois, ou quand la moitié supérieure du terreau est sèche. Arrosez du dessus et videz l'excédent d'eau de la soucoupe au bout de 30 minutes environ. Lorsque la plante est établie, apportez toutes les 2 semaines un engrais riche en potasse, du type engrais à tomates, pour stimuler la floraison.

Maladies et parasites

L'arrosage à l'eau froide en provenance directe du robinet peut provoquer une chute soudaine des feuilles. Mais un manque d'eau pendant la saison de croissance produit le même effet. Utilisez de l'eau à température ambiante et maintenez le terreau légèrement humide au printemps et en été.

Si les feuilles sont flétries et décolorées, il se peut que la plante soit victime d'un arrosage excessif, particulièrement en hiver. Attendez que le terreau se dessèche, puis baignez le pot et laissez-le égoutter avant de le reposer sur sa soucoupe. Attendez que la moitié supérieure du terreau soit sèche pour arroser de nouveau.

Les vertus dépolluantes

Il est parfait pour absorber les ondes électromagnétiques (dégagées par les téléviseurs, les ordinateurs, le wifi, etc.), les micro-ondes et l'ammoniac.

Astuces

Rempotez l'arbre de jade au printemps, lorsque les racines sortent par les trous de drainage du pot. Utilisez un mélange à base de tourbe, additionné de sable grossier ou de perlite pour améliorer le drainage.

arbre-ombrelle

Schefflera actinophylla Araliacées

Plante efficace contre
le formaldéhyde,
le benzène,
le xylène

Pièces de la maison
entrée, salon, près
du garage

Cette plante d'intérieur, que l'on appelle aussi « arbre-pieuvre » ou « arbre-parapluie », est quasiment indestructible et décore de façon spectaculaire une pièce lumineuse. Elle se développe rapidement en arbre ramifié aux larges folioles ovales lustrées se déployant comme les pans d'une ombrelle.

Espèces et variétés

On trouve parfois cette plante sous le nom de *Brassaia actinophylla*. La variété *Schefflera actinophylla* 'Amate', qui possède des feuilles plus grandes et plus foncées, est plus résistante aux dégâts que peuvent causer les ravageurs.

Où le placer ?

L'arbre-ombrelle apprécie la lumière, mais pas d'être exposé directement au soleil. Vous le placerez dans l'entrée, le salon et près du garage, en des endroits suffisamment éclairés.

vive, mais pas directement au soleil

entre 18 et 21 °C, 13 °C au minimum

non

régulier, léger en hiver

au printemps

cochenilles et araignées rouges fréquentes

Taille et port

La plante adulte atteindra rapidement 3 m de haut en conditions normales d'intérieur et affichera jusqu'à 15 folioles sur chaque « main ». Celles-ci peuvent mesurer jusqu'à 30 cm de long et 5 cm de large et sont portées par de courts pétioles.

Lumière et température

La croissance sera plus vigoureuse dans un lieu baigné de lumière, sans soleil direct. Cette plante craint la chaleur et prospère entre 18 et 21 °C. En hiver, faites en sorte que la température ne descende pas en dessous de 13 °C et évitez les courants d'air.

Arrosage et fertilisation

Maintenez le terreau humide, sans le détremper, tout au long du printemps et de l'été. Apportez moins d'eau en hiver et laissez le terreau sécher entre deux arrosages. Arrosez du dessus et videz l'excédent d'eau de la soucoupe au bout de 30 minutes environ. Apportez un engrais pour plantes vertes tous les 15 jours pendant la saison de croissance.

Maladies et parasites

Des taches brunes peuvent apparaître sur les feuilles si l'atmosphère est trop sèche : humidifiez alors plus souvent les feuilles avec de l'eau à température ambiante. Si les feuilles se recroquevillent, veillez à éloigner votre plante des courants d'air. Si, de surcroît, la température est trop basse, les feuilles tombent ; dans ce cas, transférez la plante à un emplacement plus chaud, à une température constante de 18 °C environ, et supprimez les feuilles gravement atteintes. Si les pousses se décolorent et s'affaiblissent, c'est que la lumière est insuffisante ; transférez la plante à un endroit plus ensoleillé, mais à l'abri du soleil direct. Si la pièce est bien éclairée mais que les pousses sont décolorées sur l'un des côtés de la plante, il se peut que les tiges s'inclinent vers la source de lumière ; dans ce cas, tournez régulièrement le pot.

Les vertus dépolluantes

L'arbre-ombrelle est idéal pour débarrasser l'atmosphère du benzène, du formaldéhyde (9 µg par heure) et du xylène. Plus il recevra de lumière, plus ses propriétés dépolluantes seront importantes.

Astuces

Rempotez l'arbre-ombrelle au printemps si les racines sont à l'étroit, dans du terreau de rempotage classique.

Quand il a atteint une taille de pot maximale, contentez-vous de surfacer, c'est-à-dire de remplacer le vieux terreau de surface par un mélange frais de même nature.

azalée de l'Inde

Rhododendron simsii Éricacées

Plante efficace contre
le formaldéhyde,
l'ammoniac,
le xylène

Pièces de la maison
pièces enfumées,
cuisine, salle de bains

L'azalée offre une large gamme de teintes. Sa croissance est lente et il n'est pas aisé de la conserver d'une année sur l'autre. Cependant, cultivée au frais dans un substrat humide en permanence, elle vivra de longues années et fleurira en fin d'automne, en hiver et au printemps.

Espèces et variétés

Rhododendron simsii 'Osta' est blanc à centre rose, alors que *R. simsii* affiche des pétales roses à bord blanc.

Où la placer ?

Elle trouve sa place dans la cuisine et la salle de bains, près des placards de rangement des produits d'entretien contenant de l'ammoniac, ainsi que dans les pièces enfumées soit par le tabac soit par les cheminées et les appareils à combustion.

vive, mais pas directement au soleil

entre 10 et 15 °C, 5 °C au minimum

fin d'automne, hiver, printemps

tous les 2 jours

dans de la terre de bruyère

pucerons

Taille et port

L'azalée forme un buisson ovale de feuilles caduques, petites et coriaces, au revers laineux et couvrant la quasi-totalité des tiges. Dans de bonnes conditions, cet arbuste nain atteint environ 60 cm de hauteur. Ses grandes fleurs pendantes en forme d'entonnoir, regroupées en bouquets à l'extrémité des tiges, sont simples ou doubles.

Lumière et température

C'est dans une lumière vive, mais sans soleil direct, que l'azalée sera la plus belle et ses fleurs les plus durables. Un rebord de fenêtre orienté au nord est idéal, pourvu que la plante ne soit pas coincée entre les rideaux et la vitre à la saison des gelées. Elle aime généralement la fraîcheur, mais pas le froid ; sa température préférée se situe entre 10 et 15 °C. Cependant, elle supporte jusqu'à 5 °C.

Arrosage et fertilisation

Veillez à ce que la terre soit toujours humide lors de la floraison. La meilleure méthode consiste à baigner la plante pour satisfaire les racines. Plongez-la dans un seau d'eau tiède ; l'eau doit dépasser le niveau de la terre. Laissez-la tremper 20 minutes, reposez-la sur sa soucoupe et laissez l'excédent d'eau s'écouler.

L'apport d'engrais se cantonne à la saison de croissance, qui commence au printemps, et doit cesser dès que les boutons floraux ont apparu. Nourrissez la plante toutes les 2 à 4 semaines avec un engrais calcaire.

Maladies et parasites

Si les pousses sont collantes et déformées, c'est que les pucerons s'attaquent aux jeunes pousses tendres et sécrètent un miellat collant. Arrosez la plante avec un insecticide biologique ou parsemez-la de coccinelles.

Astuces

Si les boutons viennent à tomber, la plante réagit peut-être au choc d'un changement de place. Une sécheresse des racines peut finir par provoquer le même résultat. Déplacez-la le moins possible et arrosez-la régulièrement.

Une plante broussailleuse et désordonnée doit être taillée au printemps ; rabattez simplement les tiges les plus longues de moitié. Cette taille réduira néanmoins le nombre de fleurs pour la saison suivante.

Les vertus dépolluantes

Cette plante fleurie fait merveille pour dépolluer l'air de nos habitats. Elle absorbe assez efficacement le formaldéhyde (deux fois plus que le croton), l'ammoniac et le xylène. Elle est placée quatorzième parmi les meilleurs dépolluants contre l'ammoniac.

beaucarnéa

Beaucarnea recurvata Agavacées

Plante efficace contre
le formaldéhyde,
le trichloréthylène,
le benzène, l'ammoniac

Pièces de la maison
salon, bureau, cuisine,
salle de bains

Sa base renflée vaut à cette plante ses noms communs d'« arbre-bouteille » ou de « pied d'éléphant ». Le tronc porte une touffe terminale dense de feuilles minces et rubanées, disposées en rosette. Elle est facile à cultiver et demande peu de soins.

Espèces et variétés

Cette plante est parfois vendue sous les appellations de *Nolina recurvata* ou *N. tuberculata*.

Où le placer ?

Vous trouverez toujours un lieu adapté pour votre beaucarnéa : installez-le dans le salon, le bureau, ou même la cuisine ou la salle de bains si vous avez assez d'espace. L'essentiel est que ces pièces soient suffisamment éclairées, même s'il s'agit d'une lumière vive et directe.

vive, soleil direct

entre 4 et 32 °C

rare, uniquement quand la plante est âgée

terreau à laisser sécher entre deux arrosages

au printemps, tous les 3 ou 4 ans

rarement, cochenilles et araignées rouges

Taille et port

Le beaucarnéa atteint une hauteur d'environ 1,50 m et une envergure de 60 cm. Il arrive que des fleurs blanches éclosent en panicules, mais c'est assez rare chez les plantes cultivées en contenant. Les fleurs apparaissent généralement sur des arbres adultes de 25 ans ou plus et, à cet âge, la floraison se produit parfois 2, voire 3 fois par an.

Lumière et température

Cette plante apprécie une lumière vive et un ensoleillement direct. Elle est très résistante et supporte des températures allant de 4 à 32 °C. Elle accepte une atmosphère sèche et peut passer l'été dehors.

Arrosage et fertilisation

La base renflée étant faite pour stocker l'eau, une sécheresse temporaire des racines n'endommage pas la plante. Arrosez du dessus avec de l'eau de pluie, laissez égoutter complètement et videz l'excédent d'eau de la soucoupe au bout de 30 minutes environ. Laissez le terreau sécher légèrement entre deux arrosages et réduisez la fréquence des arrosages en hiver. Apportez un engrais liquide complet pendant les mois d'été.

Maladies et parasites

Un excès d'arrosage provoque la pourriture des racines et du bulbe. Si tel est le cas, vous devrez probablement jeter une plante trop gravement atteinte, mais essayez d'abord de la laisser sécher. Rappelez-vous que le beaucarnéa peut supporter de longues périodes de sécheresse. Si l'extrémité des feuilles brunit, c'est soit que vous les heurtez au passage, soit que la plante est trop proche d'un appareil de chauffage, soit encore qu'elle est exposée à des courants d'air chauds et secs. Disposez-la à distance des appareils de chauffage et à un emplacement où personne ne risque de la toucher.

Les vertus dépolluantes

Le beaucarnéa sait éliminer parfaitement le formaldéhyde, le trichloréthylène, le benzène et l'ammoniac. Il est très efficace grâce aux micro-organismes présents sur ses racines.

Astuces

Il n'est pas nécessaire de vaporiser cette plante qui s'accommode de la sécheresse moyenne d'un intérieur.

Les feuilles intérieures se fanent naturellement avec l'âge et doivent être détachées délicatement pour révéler le tronc.

bégonia à fleurs

Begonia x *hiemalis* Bégoniacées

Plante efficace contre
le formaldéhyde

Pièces de la maison
entrée, salon, rebord de fenêtre

La variété originelle de ce bégonia offre exclusivement des fleurs simples rouges, mais il en existe maintenant plus de 1 000 hybrides qui offrent une multitude de couleurs, à fleurs simples ou doubles. Cette plante fleurit toute l'année et chaque fleur peut vivre jusqu'à 3 mois.

Espèces et variétés

Parmi les bégonias les plus communs, les hybrides des groupes Elatior et Rieger offrent toute l'année une profusion de fleurs aux coloris très variés, simples, semi-doubles ou doubles, frisottées ou non.

Où le placer ?

Très décoratif, le bégonia se plaît sur les rebords de fenêtre tant qu'ils ne sont pas sous le soleil direct, dans l'entrée, le salon et toutes les pièces lumineuses. Mieux vaut lui éviter les courants d'air, qui entraînent la chute des boutons, ainsi que la proximité des fruits : ils dégagent de l'éthylène, un gaz qui exerce sur le bégonia le même effet néfaste.

vive, mais pas directement au soleil

entre 13 et 20 °C

en hiver ou en été

régulier

tous les ans

botrytis (pourriture grise), oïdium

Taille et port

Ce bégonia est une plante buissonnante compacte qui atteint environ 37 cm de haut. Son feuillage est vert lustré et dense, porté par des tiges ramifiées cassantes qui s'abîment facilement. Les fleurs sont composées de quatre pétales ou plus, selon qu'il s'agit d'une variété à fleurs simples ou doubles.

Lumière et température

Offrez à ce bégonia une situation éclairée mais protégez-le du soleil direct, qui brûlerait les feuilles et les fleurs. Si les tiges se développent en longueur et se dégarnissent à la base, la luminosité est insuffisante. Mieux vaut éviter aussi les températures supérieures à 20 °C, car sous l'effet de l'air chaud les feuilles se recroquevillent. Cette plante apprécie une température de 16 °C en moyenne et un minimum nocturne de 13 °C.

Arrosage et fertilisation

Le bégonia à racines fibreuses est une plante qui a soif. Arrosez-le par la base en le trempant dans 5 cm d'eau. Ne laissez jamais le compost se dessécher complètement, mais n'oubliez pas de vider l'excédent d'eau de la soucoupe car, si la plante baigne dans l'eau, les racines et les tiges inférieures risquent de pourrir. Elle demande moins d'eau en hiver.

Apportez un engrais léger lors de chaque arrosage, du printemps à l'automne. Si la plante est achetée en fleur en hiver, l'engrais n'est pas nécessaire.

Maladies et parasites

Si les boutons chutent, c'est peut-être que la plante réagit au choc d'un changement d'emplacement. Une sécheresse des racines peut provoquer le même résultat ; déplacez le bégonia le moins possible. Il peut également être atteint de pourriture grise ou bien d'oïdium, deux champignons ; dans ce cas, supprimez les feuilles très marquées et vaporisez la plante avec un fongicide biologique.

Les vertus dépolluantes

Cette variété de bégonia, comme toutes les autres de la même famille, est apte à éliminer le formaldéhyde.

Astuces

Le bégonia ne supporte pas l'air sec ; posez donc le pot sur un plateau de graviers humides pour augmenter l'hygrométrie.

Au printemps, rempotez la plante dans un pot de diamètre immédiatement supérieur, dans un mélange de rempotage sans terre.

cactus cierge

Cereus peruvianus Cactacées

Plante efficace contre les ondes électromagnétiques

Pièces de la maison salon, bureau, chambre, cuisine

Originaire d'Amérique du Sud, le cactus cierge, encore appelé « cierge du Pérou » ou « cactus colonnaire », est un grand cactus dressé, en forme de cierge ou de colonne d'un vert bleuté. Il est pourvu de nombreuses épines, et doit donc être manipulé avec précaution et disposé hors de portée des enfants.

Espèces et variétés

Parmi les 25 espèces connues de cactus cierge, *Cereus peruvianus* (*C. urugayanus*), et surtout sa forme 'Monstrosus', est la plus cultivée ; on trouve également l'espèce *C. hexagonus*, plus élevée, *C. flagelliformis*, qui donne des fleurs d'un beau rouge, *C. grandiflorus* ou encore *C. gracilior*, très mince.

Où le placer ?

Efficace contre les ondes électromagnétiques, le cactus cierge trouve sa place dans la cuisine, non loin du four à micro-ondes, ou à côté des appareils électroniques, téléphones mobiles, ordinateurs, téléviseurs, etc. Le bureau, le salon et la chambre lui conviennent donc parfaitement.

vive, voire soleil
direct

entre 5 et 30 °C

en été

au printemps
et en été ; terreau
à humidifier en hiver

tous les ans
au printemps

cochenilles

Taille et port

Le cactus cierge peut atteindre une taille de 3 à 6 m de haut en extérieur, mais beaucoup moins en intérieur. Il pousse tout en hauteur et n'est donc pas encombrant. On peut par exemple le disposer dans l'angle d'une pièce. Sa tige est striée d'arêtes pourvues d'épines. Quand il vieillit, des fleurs blanches éphémères poussent à la place de ses épines l'espace d'une nuit. S'il remplace ses jolies fleurs par des épines, c'est pour limiter sa surface d'évaporation et donc éviter son dessèchement.

Lumière et température

Il a besoin de luminosité et ne craint pas l'exposition au soleil direct, bien au contraire. À défaut, il se contente d'une lumière vive. Il peut supporter 5 °C en hiver et l'été, il ne souffre guère de températures avoisinant les 30 °C. Si vous souhaitez qu'il refleurisse en été, vous devez le maintenir à une température de 10 °C en hiver.

Arrosage et fertilisation

Il a des besoins très parcimonieux en eau ; arrosez-le au printemps et en été, vous pouvez vous en dispenser en hiver. Laissez le substrat s'assécher entre deux arrosages. Procédez toujours tôt le matin ou dans la soirée. Pour le fertiliser, choisissez un compost plutôt qu'un engrais classique.

Maladies et parasites

En cas d'arrosage trop abondant, vous risquez de provoquer une pourriture des racines et de tuer la plante.

Les vertus dépolluantes

Selon de nombreuses études, ce cactus cierge a la capacité d'éliminer les ondes électromagnétiques produites par les ordinateurs, les télévisions, le wifi et les fours à micro-ondes. Placez plusieurs cactus cierges dans les lieux stratégiques de votre habitat.

Astuces

Nettoyez ce cactus de temps en temps à l'aide d'un pinceau aux poils souples afin d'ôter la poussière sans vous piquer.

Comme toutes les cactées, il a besoin d'un terreau parfaitement drainé de manière à bien aérer ses racines. Choisissez donc un terreau classique que vous mélangerez à de petits cailloux ou à un substrat spécial cactées.

cactus de Noël

Schlumbergera truncata Cactacées

Plante efficace contre
le formaldéhyde

Pièces de la maison
entrée, salon, chambre

Le cactus de Noël est une plante robuste qui présente des fleurs en trompette évasée. Si chaque floraison ne dure que quelques jours, les fleurs s'ouvrent les unes après les autres sans discontinuer à partir de l'automne, avec un épanouissement maximal pendant la période de Noël ; d'où le nom commun de cette plante.

Espèces et variétés

La plupart des *Schlumbergera* sont vendus comme cactus de Noël sans que leur nom latin soit mentionné. Parfois, ils sont aussi étiquetés sous leur ancien nom de *Zygocactus truncatus. S.* x *buckleyi*, aussi appelé cactus de Noël, est en fait un hybride de *S. russelliana* et de *S. truncata*.

Où le placer ?

Il s'épanouit à la lumière, mais pas directement au soleil : dans le salon, la chambre ou encore l'entrée, sur un meuble ou en suspension. L'été, vous pouvez le sortir, en le plaçant à l'ombre et à l'abri des courants d'air.

vive, mais pas directement au soleil

entre 12 et 18 °C

de novembre à mars

1 fois par semaine l'été, 2 fois par mois l'hiver

1 fois tous les 2 ou 3 ans

cochenilles

Taille et port

Ce cactus de 30 cm de haut est doté de gracieuses tiges arquées, composées d'articles vert clair aplatis, découpés, présentant des encoches et portant les fleurs à leurs extrémités. Les articles mesurent 2,5 cm de large et 8 cm de long. Les deux tiers des pétales de fleur sont recourbés et certains leur trouvent une ressemblance avec un crabe ou un homard. Les fleurs offrent diverses teintes de rose pourpré, de rouge, d'orange et de blanc.

Lumière et température

Cette plante demande une bonne luminosité toute l'année mais doit être protégée du soleil direct. Elle fleurit à une température intérieure d'environ 15 °C et doit jouir d'une atmosphère plus fraîche les 2 ou 3 mois précédant la floraison pour stimuler la formation des boutons floraux. En hiver, la température doit rester autour de 13 °C. Elle apprécie aussi de séjourner à l'extérieur en été, dans un endroit chaud et abrité.

Arrosage et fertilisation

Le cactus de Noël prospère dans un substrat presque sec, mais si les feuilles commencent à s'amollir, c'est qu'il est trop sec. Quand les boutons floraux apparaissent, arrosez plus généreusement, avec de l'eau de pluie.

Après la floraison, réduisez la quantité d'eau. Arrosez toujours du dessus et videz l'excédent d'eau de la soucoupe au bout de 30 minutes environ. Apportez un engrais riche en potasse, de type engrais à tomates, toutes les 2 semaines et tout au long de l'année, à l'exception de la période suivant la floraison, car cette plante exige une dormance de 2 mois.

Maladies et parasites

En cas de pourriture et de flétrissement, il se peut que le cactus ait été l'objet d'un excès d'arrosage, en particulier pendant la dormance. Coupez les parties abîmées et laissez le terreau s'assécher sur la moitié de la hauteur avant de l'humidifier de nouveau.

Les vertus dépolluantes

Cette plante a la propriété de capter le formaldéhyde (3 à 5 µg par heure), grâce aux micro-organismes présents sur ses racines ainsi que dans le terreau.

Astuce

Posez la plante sur un plateau de graviers humides et vaporisez régulièrement les tiges d'eau tiède pour augmenter l'hygrométrie.

caoutchouc

Ficus elastica Moracées

Plante efficace contre
le formaldéhyde

Pièces de la maison
maison neuve, pièces refaites, entrée, vaste salon, véranda, chambre

Champion de la dépollution, le caoutchouc est l'une des plantes d'intérieur les plus courantes et les plus résistantes. Elle tolère toutes sortes de négligences et de conditions défavorables, d'une luminosité médiocre aux courants d'air, voire aux atmosphères enfumées.

Espèces et variétés

L'espèce de base a été remplacée par des variétés moins encombrantes qui ont été sélectionnées pour la culture en intérieur. Hormis 'Decora', présentée ici, les autres variétés très répandues sont 'Abidjan', aux feuilles vert foncé presque noires ; 'Robusta', aux feuilles plus longues et plus larges et 'Variegata', aux feuilles parsemées de jaune.

Où le placer ?

Vous l'installerez de préférence dans les pièces qui viennent d'être refaites ou à proximité des meubles neufs. Il renouvelle efficacement l'oxygène dans les chambres. Quand il devient volumineux, placez-le dans une entrée spacieuse, un vaste salon ou une véranda.

vive, mais pas directement au soleil

entre 10 et 15 °C, 4 °C au minimum en hiver

non

modéré

tous les ans ou tous les 2 ans

cochenilles, araignées rouges

Taille et port

Bien que le caoutchouc soit un arbre gigantesque dans la nature, il ne développe généralement en intérieur qu'une seule tige droite et non ramifiée (il faut pincer l'extrémité de la flèche pour obtenir une plante à port ramifié). Un sujet d'intérieur peut atteindre 1,80 m de haut environ.

Lumière et température

Cette plante croît plus vite dans un espace très lumineux, mais le soleil direct, quelle que soit la durée de l'exposition, la fait se recroqueviller et entraîne la chute des feuilles. Elle préfère les conditions fraîches à la sécheresse et à la chaleur. La température idéale se situe entre 10 et 15 °C et elle peut supporter jusqu'à 4 °C en hiver.

Arrosage et fertilisation

Maintenez le terreau à peine humide du printemps à l'automne et laissez sécher la surface entre deux arrosages. La plante souffrira de pourriture des racines en cas d'humidité excessive en hiver, soyez donc prudent. Arrosez du dessus et videz l'excédent d'eau de la soucoupe au bout de 30 minutes environ. Pendant toute la saison de croissance, apportez un engrais liquide pour plantes vertes, à mi-dose, lors de chaque arrosage.

Maladies et parasites

Si les feuilles sont pendantes et molles, c'est qu'il a été exposé à des courants d'air ou à une sécheresse excessive. Transférez-le à un emplacement approprié.

Astuces

Soutenez la tige avec un bambou pour qu'il conserve une silhouette équilibrée.

Vaporisez quotidiennement le feuillage avec de l'eau à température ambiante pour augmenter l'hygrométrie. Posez également le pot sur un plateau garni de graviers humides.

Les vertus dépolluantes

Cette plante, très efficace pour absorber les toxines chimiques intérieures, est la reine de l'épuration. C'est le ficus qui détruit le mieux le formaldéhyde, et ses larges feuilles produisent beaucoup d'oxygène ; elles attirent toutefois la poussière qui peut être éliminée facilement avec un chiffon propre.

chrysanthème

Chrysanthemum morifolium Astéracées

Plante efficace contre
le formaldéhyde,
le benzène,
l'ammoniac

Pièces de la maison
salon, cuisine,
chambre, salle de bains

Les chrysanthèmes sont disponibles toute l'année en pot, qu'il s'agisse de variétés à fleurs doubles ou à fleurs de marguerite, déployant un cercle dense de pétales autour d'un disque jaune. Ils offrent de belles masses colorées pendant 6 à 8 semaines s'ils sont bien soignés.

Espèces et variétés

Chrysanthemum morifolium est généralement vendu selon sa couleur et non selon son nom de variété.

Où le placer ?

Le chrysanthème a sa place un peu partout dans la maison, dans les pièces bien éclairées, à condition qu'il ne subisse pas d'ensoleillement direct. Le salon, la chambre, surtout si ces pièces ont été refaites récemment ou contiennent des meubles en bois reconstitué, ainsi que la cuisine et la salle de bains (pour détruire l'ammoniac), ont sa préférence.

vive, mais pas directement au soleil

entre 13 et 16 °C, 4 °C minimum en hiver

6 à 8 semaines en automne

par immersion dans un contenant profond

inutile

botrytis (pourriture grise), pucerons

Taille et port

Cette plante atteint généralement 30 à 45 cm de haut, mais les sélectionneurs ont développé des variétés naines de *Chrysanthemum moriflorum* et de *C. indicum* qui ne dépassent pas 25 cm.

Lumière et température

Donnez beaucoup de lumière à votre chrysanthème, en évitant le soleil direct. Il fleurira plus longtemps dans un endroit frais, idéalement entre 13 et 16 °C, mais supportera aussi des températures hivernales descendant jusqu'à 4 °C.

Arrosage et fertilisation

Maintenez le terreau humide en permanence car la motte radiculaire ne doit pas se dessécher. Imbibez le terreau d'eau tiède par la base ; plongez le pot dans un contenant profond empli d'eau, jusqu'à ce que la plante en ait suffisamment absorbé pour remouiller toute la motte (la surface du terreau doit être humide). Laissez égoutter l'excédent puis reposez le pot sur une soucoupe sèche. Apportez un engrais riche en potasse toutes les 2 semaines, de type engrais à tomates, tant que la plante est en boutons ; cessez dès que les fleurs sont épanouies.

Maladies et parasites

Un arrosage excessif risque de faire pourrir les feuilles. À l'inverse, le manque d'eau entraîne leur jaunissement.

Les vertus dépolluantes

Parmi les plantes à fleurs, le chrysanthème est le meilleur des dépolluants ; il élimine les composés organiques volatils, notamment le formaldéhyde (15 µg par heure). Il absorbe également l'ammoniac (9 µg par heure) et le benzène.

Astuces

Portez toujours des gants lorsque vous manipulez ces plantes pour éviter des irritations cutanées.

Supprimez les fleurs une par une au fur et à mesure qu'elles fanent pour stimuler une remontée.

Pendant les périodes chaudes, il est judicieux de poser le pot sur un plateau garni de graviers humides pour augmenter le degré d'hygrométrie.

croton

Codiaeum variegatum Euphorbiacées

Plante efficace contre
le formaldéhyde

Pièces de la maison
salon, véranda, cuisine, salle de bains

Cette plante d'intérieur est très appréciée pour sa beauté. Elle affiche un feuillage aux teintes vives, qui change avec l'âge, et diverses formes de feuilles. Toutefois, ses exigences en termes de chaleur et d'humidité en font un véritable défi pour le jardinier, qui doit faire preuve d'attention pour la maintenir en bonne santé.

Espèces et variétés

Parmi les variétés les plus répandues, on trouve : 'Andreanum', aux larges feuilles ovales jaunes à nervures et bords jaune d'or ; 'Aureo-maculatum', aux feuilles tachées de jaune ; 'Majesticum', aux feuilles linéaires de 25 cm de long et à nervure médiane jaune virant au rouge avec l'âge ; 'Spirale', aux feuilles rouge et vert enroulées en spirale. Le cultivar 'Evening Embers' possède des feuilles originales, d'un bleu-noir métallisé, mouchetées de rouge et de vert.

Où le placer ?

Le croton doit évoluer dans un environnement très lumineux – mais sans ensoleillement direct –, chaud et humide. Il trouve donc sa place dans une véranda, à l'abri des rayons du soleil, ainsi que dans les cuisines, les salles de bains et les salons.

vive, mais pas directement au soleil

13 °C minimum en hiver, 30 °C maximum en été

non

généreux au printemps et en été, léger en hiver

tous les 2 ou 3 ans

cochenilles, araignées rouges

Taille et port

Cet arbuste arrondi atteint une hauteur et une envergure maximales de 1 m. Selon le cultivar, les feuilles sont ovales ou linéaires, profondément lobées, panachées de vert, de blanc, de pourpre, d'orange, de jaune, de rouge ou de rose. Les couleurs courent le long des nervures ou des bords, ou bien s'éparpillent en éclaboussures sur les feuilles. Il existe des centaines de cultivars différents, élevés pour la beauté de leur feuillage.

Lumière et température

Le croton apprécie une forte luminosité mais supporte à peine le soleil direct. Une pièce bien éclairée, orientée à l'ouest, est idéale car les motifs foliaires y seront mis en valeur. Cette plante exige une température hivernale d'au moins 13 °C ; elle doit être protégée des courants d'air et tenue à l'écart des appareils de chauffage, sous peine de perdre ses feuilles.

Arrosage et fertilisation

Le croton apprécie un terreau frais et humifère et un arrosage généreux tout au long du printemps et de l'été ; en revanche, ralentissez le rythme en hiver, quand la température baisse. Arrosez-le du dessus et videz l'excédent d'eau de la soucoupe au bout de 30 minutes environ. Si la plante a trop d'eau, les feuilles tomberont.

Maladies et parasites

Il est naturel que quelques feuilles tombent en hiver, mais si la chute est excessive, le croton a probablement froid ou il est trop sec au niveau des racines. Transférez-le dans un endroit plus chaud et arrosez-le.

Les vertus dépolluantes

Grâce à la transpiration de ses grandes feuilles, le croton contribue à bien oxygéner les intérieurs. De plus, il dévore le formaldéhyde, à raison de 3 µg par heure en moyenne, et jusqu'à 6 µg si la plante est bien développée.

Astuce

Créez l'hygrométrie élevée dont cette plante a besoin en la vaporisant quotidiennement. Ne la vaporisez pas si elle est exposée à un soleil vif, car ses feuilles brûleraient.

cyclamen de Perse

Cyclamen persicum Primulacées

Plante efficace contre
le formaldéhyde,
le xylène

Pièces de la maison
chambre, cellier, atelier

Le cyclamen, plante d'intérieur très prisée, peut être forcé à fleurir en toute saison, mais on le trouve généralement de la fin de l'été au début du printemps. Ses fleurs à pétales recourbés sont délicates. S'il est bien soigné, sa floraison peut se prolonger plusieurs mois.

Espèces et variétés

Parmi les variétés intéressantes, citons 'Metis', plante à petites fleurs appréciant autant la vie en intérieur qu'à l'extérieur ; 'Latinia', à grandes fleurs, et 'Halios', qui présente une vingtaine de coloris.

Où le placer ?

Le cyclamen apprécie la fraîcheur et la lumière modérée. Il trouve sa place dans une chambre fraîche, ainsi que dans un cellier ou un atelier contenant des produits toxiques. L'été, n'hésitez pas à le sortir sur un rebord de fenêtre non ensoleillé.

modérée

entre 13 et 18 °C

septembre à avril

1 fois par semaine

au printemps

botrytis,
otiorrhynques,
tétranyques
tisserands

Taille et port

Les cyclamens à grandes fleurs atteignent une hauteur et une envergure de 30 cm. Il existe aussi des variétés miniatures, dont les fleurs sont aussi développées mais les feuilles plus petites. Ces plantes sont vendues dans des pots de 8 à 9 cm et font environ 15 cm de haut et 10 cm d'envergure.

Lumière et température

Pour que la floraison soit la plus longue possible, la luminosité est essentielle. Un rebord de fenêtre orienté à l'ouest est idéal, à condition de protéger la plante des courants d'air nocturnes et de toute variation brutale de température. Il lui faut des conditions fraîches et aérées pour prospérer ; la meilleure température se situe entre 13 et 18 °C.

Arrosage et fertilisation

Le cyclamen doit être arrosé par la base 1 fois par semaine. Emplissez la soucoupe d'eau et, dès que le terreau est humide, jetez l'excédent d'eau. En effet, bien que cette plante apprécie l'humidité, elle ne survit pas si ses feuilles ou son tubercule sont trempés. Elle ne court aucun danger si ses feuilles se flétrissent légèrement avant un nouvel arrosage. Pendant le printemps et l'été, apportez une petite dose d'engrais riche en potasse 1 fois par semaine. Arrêtez la fertilisation dès que les boutons floraux montrent leur couleur.

Maladies et parasites

Les larves d'otiorrhynques se nourrissent du tubercule et des racines, provoquant un dépérissement de la plante (flétrissement des feuilles) puis sa mort. Vérifiez les racines des plantes environnantes par précaution.

Astuces

Les cyclamens ont une belle floraison quand leurs racines sont un peu tassées ; 13 cm est donc la taille maximale conseillée pour un pot.

Si la plante est au centre d'une pièce chauffée, augmentez l'hygrométrie en la posant sur un plateau garni de graviers humides.

Les vertus dépolluantes

Cette jolie plante fleurie absorbe le formaldéhyde et un peu de xylène ; on peut l'associer à des plantes se nourrissant d'autres composés organiques volatils, pour obtenir un environnement intérieur tout à fait sain.

dieffenbachia séguine

Dieffenbachia seguine Aracées

Plante efficace contre
le formaldéhyde,
le xylène,
le toluène

Pièces de la maison
salon, chambre,
combles

Ses grandes feuilles allongées vert foncé, éclaboussées de crème au centre, sont le principal attrait du dieffenbachia séguine et en font une plante dépolluante très active. En été, il produit parfois une petite fleur.

Espèces et variétés

Le cultivar présenté ici est ‘Exotica’. ‘Tropic Snow’ est une autre variété populaire, à larges feuilles vert sombre tachées de blanc. *D. picta* et *D. maculata* sont également appelées *D. seguine*.

Où le placer ?

Cette plante, qui aime la lumière sans excès et qui élimine de nombreux polluants intérieurs, trouve sa place près des meubles neufs (souvent riches en formaldéhyde) et dans toutes les pièces à vivre : salon, chambre ou même combles en été, période pendant laquelle elle apprécie la chaleur.

vive, mais pas directement au soleil

entre 10 et 18 °C

quand elle est adulte

généreux en été, léger en hiver

1 fois par an

fumagine, pucerons, araignées rouges

Taille et port

La hauteur définitive de cette plante buissonnante est de 1,20 m environ, mais il faut généralement la rabattre avant qu'elle atteigne cette taille, car elle est encline à pousser de façon désordonnée lorsqu'elle manque de lumière. Elle produit une touffe de tiges robustes, gainées de feuilles vertes de 30 à 45 cm de long. Leur nervure médiane est blanche et elles sont ornées de panachures irrégulières, jaunâtres ou vert pâle.

Lumière et température

Le dieffenbachia prospère en situation bien éclairée mais doit être protégé du soleil direct. La coloration des panachures pâtit d'une lumière insuffisante ; un transfert à un emplacement plus lumineux est profitable en hiver. Il exige une chaleur constante et n'apprécie pas les courants d'air. L'idéal est une température de 18 °C environ ; si cette dernière est plus élevée, il faut augmenter l'hygrométrie. Ne le laissez pas au-dessous de 10 °C durant de longues périodes, sous peine que les feuilles tombent.

Arrosage et fertilisation

Arrosez généreusement en été, et maintenez le terreau humide en toute saison. En hiver, la plante demande moins d'eau ; laissez le terreau se dessécher avant de l'humidifier de nouveau. Arrosez du dessus et videz l'excédent d'eau de la soucoupe au bout de 30 minutes environ. Apportez un engrais pour plantes vertes toutes les 2 semaines en été.

Maladies et parasites

Des taches brunes et jaunes apparaissent sur les feuilles s'il est situé trop près d'une fenêtre ensoleillée ou à côté d'un radiateur. Transférez-le à un emplacement plus approprié. Retirez les feuilles abîmées, car elles ne s'en remettront pas.

Les vertus dépolluantes

Le dieffenbachia présente des feuilles à large surface, qui lui permettent d'être particulièrement efficace contre la pollution intérieure. Il élimine bien le formaldéhyde (8 µg par heure), le xylène et le toluène.

Astuces

Si les tiges se dégarnissent et poussent en hauteur, pincez la pousse en croissance pour encourager un port buissonnant.

Portez toujours des gants lors des manipulations, car la sève est toxique et peut provoquer une paralysie temporaire de la langue si elle est portée à la bouche.

dracaena fragrant

Dracaena fragrans Agavacées

Plante efficace contre
le formaldéhyde,
le xylène,
le trichloréthylène

Pièces de la maison
salon, cuisine,
chambre, salle de
bains, pièces refaites

Parmi les différentes espèces de dracaena, le dracaena fragrant est le plus répandu. Il présente des feuilles allongées, vert foncé et vert clair striées de jaune d'or, qui ploient joliment autour du tronc. En vieillissant, il développe davantage de feuilles en haut du tronc qu'à sa base.

Espèces et variétés

Dracaena fragrans 'Lindenii' présente un feuillage bordé de crème ; *D. fragrans* 'Massangeana' offre des feuilles à bande centrale jaune pâle. Cette bande est parfois décorée de rayures jaunes. *D. fragrans* 'Victoria' est parfois appelé à tort *D. victoriae*. Il présente des feuilles vertes avec un pourtour jaune vif.

Où le placer ?

Le dracaena a besoin d'une température assez élevée mais n'est pas assoiffé de lumière ; vous pouvez donc le placer dans les chambres, dans le salon ou dans toutes pièces venant d'être refaites ou recélant des meubles neufs en aggloméré. Comme il a également besoin d'humidité, vous pourrez aussi l'installer dans la cuisine ou la salle de bains.

modérée

entre 16 et 24 °C,
10 °C au minimum

non

modéré

au printemps

cochenilles,
araignées rouges

Taille et port

Il est formé de plusieurs troncs sectionnés ou d'un tronc principal ramifié, d'où partent des rosettes de feuilles panachées de jaune et de vert. Il peut atteindre, en intérieur, 3 m de haut. Dans ce cas, taillez les troncs de façon à ce qu'ils mesurent 20 cm, ce qui provoquera l'apparition de nouvelles ramifications.

Lumière et température

Il a besoin d'une température oscillant entre 16 et 24 °C, mais peut supporter 10 °C pendant de courtes périodes. Au printemps, protégez-le d'un ensoleillement direct qui pourrait brûler son feuillage, mais évitez de le placer dans un lieu trop sombre, afin de ne pas faire virer ses feuilles au vert foncé.

Arrosage et fertilisation

Le dracaena fragrant, plante tropicale, a besoin d'une forte humidité. Vaporisez-le régulièrement, et arrosez-le avec parcimonie : le terreau doit être sec sur 2 cm en été et sur la moitié du pot en hiver.

Maladies et parasites

Dans une atmosphère chaude et sèche, il peut être envahi par les araignées rouges et les cochenilles.

Les vertus dépolluantes

Cette plante lutte assez efficacement contre le formaldéhyde, le xylène et le trichloréthylène. La transpiration de ses larges feuilles a l'avantage d'augmenter l'hygrométrie de la pièce où elle se trouve.

Astuces

Les feuilles ont beau être dures et solides, il faut les lustrer en douceur et sans produit d'entretien. Prenez une éponge naturelle ou de l'essuie-tout humidifiés pour les nettoyer.

Comme il a besoin d'une forte humidité, veillez à vaporiser les feuilles régulièrement à l'eau tiède, surtout s'il vit dans les pièces sèches de la maison. Placez le pot sur un lit de graviers humides pour améliorer sa croissance.

dracaena 'Warneckii'

Dracaena deremensis 'Warneckii' Agavacées

Plante efficace contre
le benzène,
le trichloréthylène,
le xylène,
le formaldéhyde,
le toluène

Pièces de la maison
entrée, salon, atelier,
près du garage

Il est originaire des régions tropicales d'Afrique et apprécie un milieu ombragé, plutôt chaud et humide. S'il peut vivre dehors – il supporte une température de 10 °C –, de plus en plus d'amateurs se plaisent à le faire entrer dans leur maison, pour son aspect esthétique et ses vertus dépolluantes.

Espèces et variétés

'Lemon Lime', aux feuilles vertes ourlées d'une fine ligne blanche et d'une bande jaune de chaque côté, est une autre variété très appréciée de *Dracaena deremensis*.

Où le placer ?

Dans l'entrée de votre maison, mais aussi dans le salon, l'atelier, près de votre garage et un peu partout ; il peut en effet absorber divers polluants : le formaldéhyde des meubles agglomérés, le benzène des gaz d'échappement, le trichloréthylène (détergents, solvants, pesticides…), le xylène (colles, peintures, produits d'entretien…) et le toluène (isolants, tapis, moquettes…)

modérée, et pas directement au soleil

entre 18 et 24 °C, 10 °C au minimum

non

léger

au printemps

cochenilles, araignées rouges

Taille et port

La taille du dracaena 'Warneckii' varie entre 1 et 2 m en pleine nature. Mais il dépasse rarement 1 à 1,50 m dans nos maisons. Son feuillage vert est strié de lignes d'un blanc pur.

Lumière et température

Le dracaena 'Warneckii' n'apprécie pas le soleil direct. Il a besoin d'un éclairage modéré et supporte d'évoluer dans un endroit ombragé, mais ses feuilles sont dans ce cas moins nombreuses et plus ternes. Sa place idéale se trouve près d'une fenêtre orientée à l'est ou à l'ouest. Maintenez une température avoisinant les 18 à 24 °C, sinon son feuillage chutera. Dans tous les cas, veillez à ne jamais lui faire subir une température inférieure à 10 °C. Il est à l'aise dans l'humidité mais peut supporter une atmosphère plus sèche, à condition que ce soit sur de courtes périodes.

Arrosage et fertilisation

Le dracaena 'Warneckii' n'a pas de besoins élevés en eau, il est donc important de laisser sécher le dessus du substrat entre deux arrosages. Rempotez-le au printemps, dans un substrat léger pour faciliter le drainage. Fertilisez 3 à 4 fois durant la période de croissance.

Maladies et parasites

Cette plante peut être envahie par les cochenilles ou par les araignées rouges, à ôter avec un tampon d'ouate imbibé d'eau. Ses racines peuvent également pourrir si la pièce est trop fraîche : dans ce cas, chauffez davantage la pièce ou changez l'emplacement de la plante.

Les vertus dépolluantes

Il absorbe le formaldéhyde, le benzène, le trichloréthylène, le xylène et le toluène. Ses larges feuilles dégagent beaucoup d'humidité, ce qui rend l'atmosphère plus saine.

Astuces

Veillez à bien nettoyer les feuilles afin de les débarrasser de leur poussière grâce à un chiffon humide ou sous une douchette, à température ambiante.

S'il a tendance à s'affaisser, soulagez-le en installant un tuteur.

S'il devient trop imposant, taillez-le au printemps : vous obtiendrez de nouvelles ramifications.

modérée et pas directement au soleil

entre 16 et 21 °C

non

quotidien en été, modéré en hiver

au printemps, tous les 2 ou 3 ans

cochenilles, araignées rouges

Taille et port

La plante jeune lance un toupet de feuilles piquantes d'environ 45 cm de long, à partir du sol. À l'âge adulte, elle finira par atteindre 1,20 m de haut et son tronc mince sera couronné d'une rosette terminale de feuilles étroites et luisantes.

Lumière et température

La panachure des feuilles prend ses plus belles teintes dans une ombre légère, à proximité d'une fenêtre orientée à l'est ou à l'ouest, mais la plante survit à un niveau de luminosité inférieur. La température idéale se situe entre 16 et 21 °C, mais le dragonnier résiste à une température plus basse, pourvu qu'on lui épargne les courants d'air.

Arrosage et fertilisation

Cette plante est dotée de racines de surface qui sont enclines à se dessécher et à se recroqueviller en atmosphère chaude si le terreau est sec. Vous devez donc maintenir le compost légèrement humide en permanence. Réduisez l'arrosage en hiver mais ne laissez pas le terreau se dessécher. Arrosez du dessus et videz l'excédent d'eau de la soucoupe au bout de 30 minutes environ. Apportez un engrais riche en azote toutes les 2 semaines au printemps et en été. Pour une plante adulte, optez pour un engrais à libération lente qui fournira les nutriments nécessaires pendant toute la saison de croissance.

Maladies et parasites

Un excès de soleil provoque des brûlures et des zones sèches peuvent apparaître sur les feuilles. Supprimez les feuilles brûlées et déplacez la plante dans un endroit plus ombragé. Si des taches brunes constellent les feuilles, c'est que la plante manque d'eau ; maintenez le terreau humide, la plante se rétablira rapidement. Supprimez les feuilles très atteintes.

Les vertus dépolluantes

Le dragonnier de Madagascar, comme tous les dracaenas, est capable d'éliminer le xylène et, en quantité moindre, le benzène, le formaldéhyde, le trichloréthylène, le monoxyde de carbone et le toluène. C'est donc une plante à privilégier, d'autant qu'elle supporte bien l'air sec de l'hiver et une lumière modérée.

Astuces

Une atmosphère embuée étant idéale mais peu réalisable, vaporisez la plante d'eau tiède tous les jours.

Au fil de la croissance, les feuilles inférieures meurent ; retirez-les délicatement pour révéler le tronc mince, ramifié, en forme de bambou.

faux dattier

Phoenix roebelenii Arécacées

Plante efficace contre
le formaldéhyde,
le xylène

Pièces de la maison
entrée, salon, véranda,
garage, atelier

Également appelé palmier d'appartement ou dattier nain, le faux dattier est une plante garnie d'une couronne de feuilles qui retombent en plumets autour d'un ou de plusieurs troncs. Ses palmes brillantes, qui peuvent atteindre 1 m de long, sont recouvertes d'écailles blanches.

Espèces et variétés

Phoenix Roebelenii, de son nom complet *Phoenix Roebelenii O'Brien*, est la seule espèce commune courante. Il existe toutefois 15 espèces de phoenix, dont les plus connues sont *P. dactylifera* ou *P. canariensis*.

Où le placer ?

Vous devez respecter ses besoins – lumière vive mais pas de soleil direct, humidité et chaleur – tout en exploitant ses facultés dépolluantes. Une place dans l'entrée, le salon, la véranda, ou encore près du garage ou de l'atelier sont à privilégier. N'oubliez pas toutefois qu'il peut devenir envahissant par sa hauteur et son envergure imposantes.

assez vive mais pas directement au soleil

entre 16 et 24 °C, 10 °C au minimum en hiver

non

modéré

au printemps

araignées rouges

Taille et port

Dans de bonnes conditions, il peut atteindre 1,50 à 2 m de haut ; toutefois, il pousse lentement, ce qui vous permettra de réfléchir à son futur emplacement le cas échéant. Son allure exotique et son élégance en font une plante de décoration très appréciée. Dans de bonnes conditions d'entretien, il peut vivre plusieurs dizaines d'années.

Lumière et température

Cette plante, qui pousse à l'état sauvage dans les forêts tropicales, est douée de facultés d'adaptation remarquables. C'est pourquoi elle est assez résistante au sein de nos habitats, même si ses conditions de vie ne sont pas toutes respectées. Dans l'absolu, elle apprécie une bonne luminosité plus qu'un ensoleillement direct ou une situation ombragée. Une température située entre 16 et 24 °C lui convient parfaitement ; en hiver, veillez à ne pas faire descendre la température en dessous de 10 °C.

Arrosage et fertilisation

Gardez le terreau humide en été ; en hiver, vous pouvez le laisser sécher entre deux arrosages. Fertilisez 1 fois par semaine, sauf en hiver, pendant lequel vous passerez à une fréquence bimensuelle.

Maladies et parasites

Des araignées rouges peuvent venir coloniser la plante si l'air est trop sec. C'est pourquoi il ne faut pas oublier de la vaporiser régulièrement avec une eau non calcaire à température ambiante.

Astuces

Rempotez-le uniquement quand les racines ont envahi tout le pot, dans un substrat bien aéré et contenant beaucoup d'humus, 1 fois par an environ.

Les palmes desséchées peuvent être supprimées : coupez-les au ras du tronc, en prenant garde à ne pas abîmer celles qui sont encore vertes.

Les vertus dépolluantes

Le faux dattier, même jeune, s'avère très efficace pour absorber des polluants intérieurs tels que le formaldéhyde, à raison de 25 à 30 µg par heure, et le xylène (15 µg par heure). Sa transpiration assez importante permet également d'augmenter l'hygrométrie dans la pièce où vous avez choisi de l'installer.

figuier à feuilles de sabre

Ficus maclellandii 'Alii' Moracées

Plante efficace contre
le formaldéhyde,
l'ammoniac,
le xylène,
le benzène,
le toluène,
le trichloréthylène

Pièces de la maison
salon, bureau, cuisine, chambre, près du garage, pièces refaites

Ce figuier, relativement nouveau sur le marché, gagne peu à peu l'intérieur de nos maisons. Importé et commercialisé au début des années 1980, il est plus facile à cultiver et à entretenir que son cousin, le figuier pleureur (*Ficus benjamina*), d'où l'intérêt qu'il suscite.

Espèces et variétés

Ficus maclellandii 'Alii' est une variété hybride créée par l'homme.

Où le placer ?

Résistant aux parasites, peu capricieux mais grand dépollueur, le figuier à feuilles de sabre peut être placé dans un salon, un bureau, une chambre, près d'un garage, dans une cuisine, ou sur tout rebord de fenêtre, à l'abri des courants d'air. Il est à l'aise sur un meuble ou à même le sol, pour habiller un angle notamment. C'est une plante à privilégier près des meubles neufs et dans les pièces qui viennent d'être refaites.

vive

entre 16 et 24 °C
le jour, entre
13 et 20 °C la nuit

non

modéré

tous les 1 à 2 ans

rarement,
cochenilles
et araignées rouges

Taille et port

Il existe trois types de figuiers à feuilles de sabre : l'arbre standard, le buisson (avec plusieurs tiges dans le même pot) et le figuier tressé (deux ou trois troncs entremêlés). Vous pourrez choisir la forme de votre choix selon l'emplacement que vous aurez sélectionné. Une fois installé, le figuier peut perdre quelques feuilles ; ne vous en inquiétez pas, il s'habitue à son nouvel emplacement.

Lumière et température

Ce figuier réclame une température entre 16 et 24 °C le jour, et entre 13 et 20 °C la nuit. Il aime être situé en plein soleil ou dans un endroit très lumineux. Toutefois, si l'éclairage est faible, il se contentera de cette situation.

Arrosage et fertilisation

Arrosez de façon modérée, de manière à ce que le dessus du terreau sèche entre deux arrosages. Dans une pièce plein sud ou bien éclairée, fertilisez 1 fois par mois ; fertilisez plus souvent si votre figuier vit dans une pièce plus sombre.

Rempotez-le 1 fois par an quand la plante est jeune, 1 fois tous les 2 ans au-delà, dans un terreau classique.

Maladies et parasites

Cette plante peut être sujette, même si c'est rare, à des invasions d'araignées rouges et de cochenilles. Retirez-les à l'aide d'un tampon d'ouate imbibé d'eau. Si les feuilles jaunissent, c'est que votre figuier est trop arrosé ; laissez le substrat sécher avant de l'arroser à nouveau.

Les vertus dépolluantes

Le figuier à feuilles de sabre vous permettra d'éliminer le formaldéhyde, l'ammoniac et le xylène. Il s'avère particulièrement efficace contre le benzène, le toluène et le trichloréthylène.

Astuces

Si le figuier est trop imposant pour être rempoté, veillez à le fertiliser rigoureusement, grâce à un engrais ou à des bâtonnets biologiques, car le terreau épuise rapidement ses réserves en micronutriments.

Veillez à tailler ses branches au printemps (sa période de croissance), afin qu'il se ramifie.

figuier lyre

Ficus lyrata Moracées

Plante efficace contre
le formaldéhyde,
le xylène

Pièces de la maison
entrée, salon, véranda, verrière, jardin d'hiver

On l'appelle figuier lyre en raison de la forme de ses feuilles larges, vernissées et galbées. Originaire d'Afrique tropicale et subtropicale, il a été introduit en France vers 1895. Il peut pousser en extérieur ou en intérieur s'il est suffisamment éclairé et jouit d'une température douce.

Espèces et variétés

Le figuier commun, *Ficus carica*, est l'arbre qui donne des fruits comestibles, les figues. En appartement, outre *F. lyrata,* on cultive *F. elastica* (le caoutchouc), *F. benjamina* ou *F. maclellandii* 'Alii'.

Où le placer ?

Le figuier lyre étant une plante assez imposante, vous devrez choisir une large pièce pour l'installer. Un vaste hall, une véranda, une verrière, un jardin d'hiver et un salon bien éclairé peuvent accueillir cette plante majestueuse qui vous débarrassera de composés toxiques.

vive, soleil direct

entre 12 et 18 °C

régulier
mais modéré,
très léger en hiver

modéré

tous les ans
au printemps

cochenilles,
araignées rouges

Taille et port

Le figuier lyre peut atteindre 12 m en extérieur et pousse jusqu'à 2 à 3 m en intérieur. S'il devient trop haut et touche le plafond, il ploiera ses branches afin de continuer à croître sans encombre. S'il ne rencontre aucun obstacle, il poussera droit.

Il est doté d'un tronc d'un brun rouge et de feuilles coriaces, vert foncé, à nervures saillantes et plus claires, très grandes puisqu'elles peuvent mesurer jusqu'à 40 cm de long sur 20 cm de large. Des fleurs de 3 cm peuvent apparaître, au printemps, à l'aisselle des feuilles.

Lumière et température

Le figuier lyre nécessite une luminosité assez importante ; on peut même l'installer directement au soleil. Il craint les courants d'air, n'aime pas qu'on le déplace et réclame une température constante située entre 12 et 18 °C. En hiver, il peut supporter jusqu'à 12 °C mais pour ne pas nuire à sa santé, ne vous risquez pas à lui imposer une température moindre.

Arrosage et fertilisation

Arrosez 1 à 2 fois par semaine en été, en 2 fois de préférence, en veillant à laisser sécher la surface du substrat entre deux arrosages. Arrosez avec parcimonie en hiver. Il faudra aussi penser à vaporiser la plante régulièrement en été.
Fertilisez 1 fois par semaine en période de croissance. Rempotez-le au printemps dans un pot plus grand.

Maladies et parasites

Quand l'air est trop sec, le figuier lyre peut être envahi par des cochenilles et des araignées rouges. Pour éviter ce problème, veillez à maintenir une bonne humidité dans la pièce, ou posez le pot sur un lit de graviers humides. Retirez les parasites à l'aide d'un coton d'ouate imbibé d'eau, puis vérifiez vos autres plantes.

Les vertus dépolluantes

Cette plante s'avère efficace pour débarrasser l'air intérieur du formaldéhyde et du xylène, en grande partie grâce à la taille exceptionnelle de ses feuilles.

Astuces

Nettoyez régulièrement ses feuilles avec un linge imbibé d'eau pour les débarrasser de leur poussière. Soutenez chaque feuille de la paume de la main pour ne pas la faire ployer par votre geste.

En été, vous pouvez déplacer votre figuier lyre à l'extérieur, à condition qu'il soit à l'abri du vent et du soleil.

figuier pleureur

Ficus benjamina Moracées

Plante efficace contre
le formaldéhyde,
le xylène,
l'ammoniac

Pièces de la maison
salon, véranda, bureau,
cage d'escalier,
chambre

Idéal dans un cadre spacieux et moderne, où l'on pourra admirer de tous côtés ses gracieuses branches arquées, le figuier pleureur est l'une des plantes d'intérieur les plus courantes. Il est très facile à soigner.

Espèces et variétés

Il existe un grand nombre de variétés de figuiers pleureurs. *Ficus benjamina* 'Nuda' a des feuilles plus étroites et plus longues.

Où le placer ?

Le figuier pleureur peut orner toutes les pièces de votre maison. Quand il est petit, il s'insère bien dans les chambres, le bureau ou même la cage d'escalier ; une fois sa taille adulte atteinte, vous pouvez le déplacer dans le salon, voire la véranda.

vive, sans soleil direct en été

entre 18 et 21 °C, supportant le frais jusqu'à 13 °C

non

tous les 3 jours en été, toutes les semaines en hiver

tous les 2 ans

cochenilles farineuses, araignées rouges

Taille et port

Cette plante peut atteindre une hauteur de 1,80 à 2,40 m et une envergure de 1,20 m dans un contenant d'intérieur. Ses feuilles lustrées vertes, marginées de jaune, mesurent de 5 à 10 cm de long ; elles sont ovales, se terminent en pointes effilées et sont soutenues par des tiges arquées, comme les feuilles du saule.

Lumière et température

Le figuier pleureur prospère dans une lumière vive. Le soleil direct lui profite en hiver, mais il est préférable de l'abriter des rayons d'été trop ardents. Une pièce orientée au sud ou à l'ouest est l'idéal. Évitez de placer cette plante près des fenêtres, des portes ou des cheminées à foyer ouvert car elle n'apprécie guère les courants d'air froids. Sa température de prédilection se situe entre 18 et 21 °C, mais elle peut supporter 13 °C.

Arrosage et fertilisation

Arrosez du dessus ; trempez entièrement la motte à chaque arrosage et videz l'excédent d'eau de la soucoupe au bout d'environ 30 minutes. Attendez que la surface du terreau soit sèche pour arroser à nouveau, et laissez-le sécher encore plus longtemps en hiver. Cette plante aime l'eau, mais si le terreau est humide en permanence, le pourrissement de ses racines lui sera fatale. Encouragez la croissance en apportant un engrais liquide tous les 15 jours au printemps et en été.

Maladies et parasites

Les insectes suceurs, comme les araignées rouges et les cochenilles farineuses, percent les feuilles pour pomper la sève. Les trous virent au brun car les tissus meurent, ce qui crée un effet marbré. Retirez les cochenilles farineuses une par une à l'aide d'un tampon d'ouate imbibé d'alcool à brûler. Arrosez la plante avec un insecticide biologique pour éliminer tous les insectes.

Les vertus dépolluantes

Le figuier pleureur a la faculté d'absorber le formaldéhyde, présent notamment dans bon nombre de matériaux neufs (meubles agglomérés, peintures, vernis, papier peint, etc.), ainsi que le xylène (peintures, cire, encres, etc.) et l'ammoniac, que l'on retrouve dans certains produits d'entretien.

Astuces

Taillez les branches dénudées au printemps pour entretenir la silhouette. Ne supprimez pas les racines aériennes.

Dépoussiérez délicatement les feuilles de temps à autre à l'aide d'un linge humide.

fleur-de-lune

Spathiphyllum wallisii Aracées

Plante efficace contre
le formaldéhyde,
le benzène,
le trichloréthylène,
le xylène,
l'ammoniac,
l'acétone

Pièces de la maison
salon, bureau, cuisine, chambre, salle de bains, atelier

Les fleurs blanches de la fleur-de-lune, rappelant celles de l'arum, se dressent comme la voile d'un navire au-dessus de feuilles vert vif luisantes. Légèrement parfumées, elles s'épanouissent du printemps à la fin de l'été, parfois en d'autres saisons, et durent 2 ou 3 mois.

Espèces et variétés

La variété 'Mauna Loa' est plus grande, jusqu'à 60 cm de haut, et affiche de grandes spathes et des feuilles plus longues. 'Mauna Loa Supreme' atteint 1 m de haut et porte des fleurs blanches ovales de 18 cm.

Où la placer ?

Dans le salon, la chambre, le bureau, l'atelier, ou encore la salle de bains et la cuisine, si ces dernières sont assez vastes et suffisamment lumineuses. La fleur-de-lune a en effet la capacité d'absorber bon nombre de polluants intérieurs.

modérée,
sans soleil direct

entre 10 et 18 °C

du printemps
à la fin de l'été

terreau à maintenir
humide

au printemps

araignées rouges,
thrips

Taille et port

Les feuilles de la fleur-de-lune mesurent environ 15 cm de long et 10 cm de large ; elles émergent d'un rhizome en bouquet dense charnu. Les fleurs mesurent 8 cm.

Lumière et température

La fleur-de-lune offre ses plus belles fleurs dans une ombre légère, mais supporte aussi une situation lumineuse si elle est protégée du soleil direct. En hiver, transférez la plante à proximité d'une fenêtre pour encourager une floraison précoce. Une température de 18 °C entretiendra la croissance tout au long de l'année,tandis qu'en baissant la température entre 5 et 10 °C, vous provoquerez une période de dormance. Cette plante exècre les courants d'air, pensez-y lorsque vous choisissez son emplacement.

Arrosage et fertilisation

Ne laissez jamais le terreau se dessécher complètement, surtout si la température de la pièce est élevée. Pendant la dormance, contentez-vous d'humidifier le terreau car un arrosage surabondant entraînerait le dépérissement de la plante. Arrosez par la base ; la surface de la motte sera humide en 10 minutes environ, puis videz l'excédent d'eau de la soucoupe. Pendant la croissance, apportez un engrais liquide pour plantes vertes toutes les 2 semaines. En automne, ralentissez le rythme à 1 fois par mois et arrêtez en hiver.

Astuce

En arrosant par la base, vous éviterez d'éclabousser les feuilles, ce qui provoque souvent des taches peu esthétiques.

Maladies et parasites

Les taches brunes sont dues à une température trop basse ou à un terreau saturé d'eau. Améliorez les conditions de culture et les méthodes d'arrosage. Rabattez les feuilles abîmées à la base.

Les vertus dépolluantes

La fleur-de-lune a de multiples talents : elle a la capacité d'éliminer le formaldéhyde à raison de 10 µg par heure, mais aussi le benzène, le trichloréthylène, le xylène, l'ammoniac et l'acétone, ce qui la place en tête des plantes à accueillir au sein de son habitat, d'autant plus qu'elle est très agréable à regarder.

fougère de Boston

Nephrolepis exaltata 'Bostoniensis' Polypodiacées

Plante efficace contre
le formaldéhyde,
le xylène

Pièces de la maison
salon, cuisine,
chambre, salle de bains

La fougère de Boston, plante fiable et facile à cultiver, offre une profusion de feuilles vert pâle. Parmi les fougères de culture courante, c'est la plus résistante à la sécheresse ; pourtant, elle ne prospère que dans des conditions très humides.

Espèces et variétés

Il existe de nombreuses varié- tés de *Nephrolepis exaltata*. 'Rooseveltii' offre de larges feuilles ondulées, et 'Maassii' ressemble à 'Bostoniensis', mais il est plus retombant et d'un vert plus foncé. 'Bostoniensis Compacta' est plus bas, plus compact et ses frondes sont moins tombantes que celles de 'Bostoniensis'.

Où la placer ?

La fougère de Boston trouve sa place idéale dans les pièces humides comme la cuisine et la salle de bains, pourvu qu'elles soient suffisamment éclairées et, bien sûr, humides. Si vous préférez l'installer dans le salon ou la chambre, par nature peu humides, près de meubles neufs contenant du formaldéhyde, vaporisez-la régulièrement.

vive mais pas directement au soleil

entre 16 et 21 °C, 10 °C au minimum

non

terreau à maintenir humide

au printemps

cochenilles, araignées rouges

Taille et port

Les frondes atteignent 1 m de long ou plus, et portent une multitude de pinnules décoratives disposées sur deux rangs, de part et d'autre de la nervure médiane. Les frondes partent d'un rhizome souterrain, qui émet également de minces stolons rampants, duveteux, s'enracinant à intervalles réguliers pour former de nouvelles plantes.

Lumière et température

Cette fougère donne le meilleur d'elle-même dans une lumière vive, mais protégée du soleil zénithal. Elle supporte une lumière faible sur de courtes périodes, avec un apport quotidien de lumière artificielle de 8 à 10 heures ; veillez à ce qu'elle soit éloignée d'au moins 1 m de la source de lumière, pour éviter les brûlures. La fougère de Boston poursuivra sa croissance toute l'année à une température ambiante ordinaire, mais ne supportera pas que celle-ci tombe en dessous de 10 °C. L'idéal se situe entre 16 et 21 °C.

Arrosage et fertilisation

Maintenez le terreau humide en permanence par des arrosages fréquents d'eau de pluie à température ambiante. Si la température est basse, laissez-le sécher légèrement. Arrosez du dessus et videz l'excédent d'eau de la soucoupe au bout de 30 minutes environ. Apportez un engrais liquide pour plantes vertes tous les 15 jours, tout au long du printemps et de l'été.

Maladies et parasites

Un manque d'eau provoque une coloration grise du feuillage et la croissance ralentit. Augmentez la fréquence d'arrosage de façon à combler le déficit en eau.

Astuces

Une fronde qui vieillit vire au jaune ; coupez-la à la base.

Une atmosphère sèche est néfaste à la plante ; augmentez l'hygrométrie en vaporisant quotidiennement le feuillage d'eau de pluie à température ambiante.

Les vertus dépolluantes

Cette plante solide est un véritable « aspirateur à formaldéhyde » : en effet, elle a la capacité d'en absorber 20 µg par heure. Si vous venez de refaire votre salle de bains ou votre cuisine avec des meubles neufs en bois aggloméré, pensez à y placer cette fougère. Elle détruit également le xylène.

fougère Kimberly Queen

Nephrolepis obliterata Polypodiacées

Plante efficace contre
le formaldéhyde,
le xylène

Pièces de la maison
salon, cuisine,
chambre, salle de
bains, pièces refaites

Cette plante d'un beau vert lumineux, aux feuilles présentant un bord dentelé, est originaire des Tropiques où elle vit à l'état sauvage. Sous nos latitudes, elle est moins courante que la fougère de Boston ou la fougère nid d'oiseau, mais elle présente de nombreuses qualités.

Espèces et variétés

Il existe de nombreuses variétés de fougères : parmi celles auxquelles nous ouvrons nos maisons, citons la fougère de Boston, *Nephrolepis exaltata* 'Bostoniensis', *N. exaltata* 'Mini Ruffle', une mini-fougère d'intérieur aux frondes de moins de 10 cm, ainsi que la fougère nid d'oiseau, *Asplenium nidus*.

Où la placer ?

La fougère Kimberly Queen n'est pas très imposante quand elle pousse à l'intérieur de nos maisons : on peut la placer dans un pot suspendu, d'où retomberont ses feuilles, ou à même le sol. Disposez-la dans le salon, la cuisine, la chambre, la salle de bains, ou toutes les pièces qui viennent d'être refaites : elle en absorbera les composés toxiques.

modérée et pas directement au soleil

entre 18 et 24 °C le jour, entre 10 et 18 °C la nuit

non

1 à 2 fois par semaine

1 fois par an

cochenilles, pucerons, araignées rouges

Taille et port

Elle peut atteindre 1 m de haut et autant d'envergure dans de bonnes conditions de culture. Contrairement à sa cousine, la fougère de Boston, elle n'exige pas beaucoup d'humidité, ce qui la rend plus facile à entretenir. Elle est pourvue de gracieuses feuilles vert vif, retombant en corolle tout autour du pot.

Lumière et température

Cette plante a besoin d'être installée à l'abri de la lumière ; si vous choisissez le bord d'une fenêtre, optez par conséquent pour une orientation au nord. Elle ne supporte en aucun cas le soleil direct qui la ferait mourir.

Elle est parfaitement à l'aise dans une pièce où la température oscille entre 18 et 24 °C le jour, et 10 et 18 °C la nuit.

Arrosage et fertilisation

Même si ses besoins en eau sont inférieurs à ceux de la fougère de Boston, elle nécessite un arrosage régulier : ne laissez jamais la motte s'assécher complètement et vaporisez la plante 1 fois par mois, voire 2 fois si votre appartement est très chauffé ou si elle se trouve à proximité d'un radiateur.

Procurez-lui de l'engrais liquide dilué pendant toute sa période de croissance, et rempotez-la 1 fois par an dans un terreau spécial fougères.

Maladies et parasites

Si l'atmosphère est trop sèche, des parasites peuvent envahir la plante. Traitez-la et prévenez une nouvelle contamination en la vaporisant régulièrement avec de l'eau à température ambiante.

Les vertus dépolluantes

Cette plante s'avère efficace pour absorber le formaldéhyde et le xylène.

Astuces

Quand la plante est âgée, ses feuilles ont tendance à jaunir et à se dessécher : coupez-les avec des ciseaux ou un petit sécateur, car les tiges sont solides, en veillant à ne pas abîmer les feuilles vivantes.

L'été, quand vous partez en vacances, placez votre fougère Kimberly Queen dans la pièce la plus humide (généralement la salle de bains), en compagnie de toutes les plantes ayant besoin d'humidité.

fougère nid d'oiseau

Asplenium nidus Polypodiacées

Plante efficace contre
le formaldéhyde,
l'ammoniac

Pièces de la maison
salon, cuisine,
chambre, salle de bains

L'aspect de cette fougère n'a rien à voir avec celui de la fougère de Boston ou de la Kimberly Queen : ses longues feuilles vertes placées en entonnoir sont lisses et ses bords ne sont ni dentelés ni découpés. Elle est originaire des régions tropicales, où elle pousse à l'état sauvage sur le sol ou dans les arbres.

Espèces et variétés

Parmi les nombreuses espèces d'aspleniums, citons *Asplenium bulbiferum* et *A. daucifolium*, qui portent des bulbilles à la surface des frondes en fin de saison.

Où la placer ?

La fougère nid d'oiseau n'est pas très imposante : elle a sa place au salon, dans la cuisine ou dans la salle de bains, non loin d'une fenêtre orientée à l'est ou à l'ouest. Non toxique, elle peut aussi être installée dans la chambre. Posez-la sur un meuble et évitez-lui les courants d'air.

vive à modérée mais pas directement au soleil

entre 18 et 22 °C, 11 °C au minimum

non

abondant en été

quand les racines sortent du pot

cochenilles

Taille et port

Dans un environnement naturel, la fougère nid d'oiseau aime les lieux humides, à l'abri du soleil direct. Elle peut alors se hisser à 1,50 m. Dans nos maisons, elle atteint de 50 cm à 1 m de haut. Elle présente de grandes frondes vert clair et luisantes à nervure centrale brun-rouge, formant une rosette semblable à un entonnoir.

Lumière et température

La fougère nid d'oiseau se développera mieux si elle est exposée à une lumière vive, légèrement tamisée, à l'abri du soleil direct. Maintenez une température oscillant entre 18 et 22 °C, et veillez à ce qu'elle ne descende jamais en dessous de 11 °C.

Arrosage et fertilisation

Comme toutes les fougères, elle a besoin d'humidité ; ne la placez pas dans un environnement trop sec ou installez-la sur une soucoupe remplie de graviers humides. Vaporisez-la régulièrement avec de l'eau à température ambiante, et arrosez-la abondamment en période de croissance, moins en période de dormance.

Fertilisez-la 3 à 4 fois pendant la période de croissance, et rempotez-la quand les racines sortent du pot. Si elles adhèrent au pot, cassez celui-ci pour éviter de les briser. Choisissez un terreau aéré et acide qui facilitera le drainage.

Maladies et parasites

Des cochenilles peuvent envahir la plante. Éliminez-les à l'aide d'un coton d'ouate imbibé d'eau, puis effectuez un traitement préventif d'octobre au printemps.

Astuces

Lors du rempotage, vous pouvez utiliser un mélange à base de terreau et de feuilles décomposées.

Éliminez les frondes jaunies, trop âgées, qui gâchent l'harmonie de la plante.

Les vertus dépolluantes

La fougère nid d'oiseau s'avère assez efficace pour éliminer le formaldéhyde et l'ammoniac. Plus la taille des frondes est importante, plus la purification est conséquente : veillez à nettoyer régulièrement ses feuilles avec une éponge humide imprégnée d'eau de pluie ou d'eau bouillie refroidie.

gerbéra

Gerbera jamesonii Astéracées

Plante efficace contre
le benzène,
le trichloréthylène,
le formaldéhyde,
le toluène,
le monoxyde de carbone

Pièces de la maison
entrée, salon, chambre

Prisée pour ses fleurs très colorées en forme de marguerite, cette vivace gélive est l'une des plantes d'intérieur estivales les plus appréciées. Ses fleurs déclinent tous les tons de saumon, de blanc, de rouge feu, de jaune et d'orange. Si le gerbéra est arrosé selon les règles, il est très facile à soigner.

Espèces et variétés

'Happipot' présente des pédoncules de 25 cm. Avec 'Parade', ce sont les deux variétés compactes les plus faciles à se procurer.

Où le placer ?

Dans la chambre, sur les rebords intérieurs des fenêtres, sur des guéridons dans les pièces à vivre ou l'entrée, à condition qu'elles soient bien éclairées. Comme elle n'est pas toxique, cette plante peut même être installée dans la chambre des enfants.

vive, soleil direct 3 à 4 heures par jour

entre 10 et 21 °C

été

terreau à maintenir humide

à éviter

mouches blanches (aleurodes), pucerons

Taille et port

Le gerbéra forme une touffe dressée de feuilles profondément lobées et laineuses au revers, d'où émergent cinq ou six fleurs de 5 à 8 cm de diamètre, portées par de robustes pédoncules rigides. Les variétés naines qui sont vendues en pot mesurent environ 30 cm de haut.

Lumière et température

Cette plante demande une situation ensoleillée et au moins 3 à 4 heures de soleil direct par jour, avec une température moyenne de 10 à 21 °C toute l'année. Si elle est exposée à une température supérieure, veillez à lui fournir une bonne aération.

Arrosage et fertilisation

Le gerbéra doit être cultivé dans un pot profond et son terreau maintenu humide pendant les mois de printemps et d'été ; il demande moins d'arrosage en hiver. Arrosez-le par la base et videz l'excédent d'eau de la soucoupe au bout de 10 minutes. Faites des apports généreux d'engrais liquide riche en potasse pendant la floraison.

Maladies et parasites

L'aleurode, ou mouche blanche, est un insecte suceur ; il sécrète un miellat collant qui piège d'autres ravageurs. Le résultat est peu esthétique. Une infestation légère peut être traitée avec un insecticide biologique. Nettoyez les feuilles et supprimez les plus atteintes, puis vaporisez d'insecticide le reste de la plante.

Un arrosage irrégulier et la malnutrition provoquent le jaunissement des feuilles. Vérifiez que le régime d'arrosage et de fertilisation est approprié et apportez un engrais foliaire à action rapide. Vous diluerez cet engrais avec de l'eau et le vaporiserez sur les feuilles à l'aide d'un vaporisateur manuel ; respectez les instructions portées sur l'emballage.

Astuces

Vaporisez les feuilles de temps en temps si la plante séjourne dans une pièce chaude et sèche.

Supprimez les feuilles et les fleurs dès qu'elles sont fanées pour prolonger la beauté de la plante.

Le gerbéra est cultivé comme une plante annuelle et sera donc jeté après la floraison.

Les vertus dépolluantes

Cette plante à fleurs a non seulement le mérite d'être jolie, mais elle a également de forts pouvoirs dépolluants : elle élimine le benzène, le trichloréthylène, le formaldéhyde, le toluène et le monoxyde de carbone. À privilégier donc au cœur de votre maison.

kalanchoé

Kalanchoe blossfeldiana Crassulacées

Plante efficace contre les ondes électromagnétiques

Pièces de la maison
salon, bureau, chambre

Le kalanchoé porte des feuilles vert vif dentelées et des fleurs tubulaires d'un rouge éclatant, présentes du milieu de l'hiver au milieu du printemps. Cependant, de remarquables hybrides ont été créés dans d'autres teintes et fleurissent tout au long de l'année.

Espèces et variétés

Il existe divers cultivars intéressants issus de semis, comme 'Compact Lilliput'. 'Tom Thumb', aux fleurs orange vif, est l'une des variétés miniatures les plus appréciées.

Où le placer ?

Sur un rebord de fenêtre ensoleillé à l'abri des courants d'air et dans un endroit à la température constante ; près d'un ordinateur ou d'un téléviseur, dans le bureau, le salon, la chambre des parents et celle des enfants.

vive, soleil direct sauf en été

inférieure à 15 °C

du milieu de l'hiver au milieu du printemps

léger

tous les ans

cochenilles farineuses

Taille et port

Cette vivace buissonnante peut atteindre 30 cm de hauteur, mais on trouve facilement des variétés naines d'environ 15 cm. Les fleurs sont généralement groupées en panicules denses.

Lumière et température

Pour développer ses boutons floraux, cette plante doit bénéficier d'un minimum de 8 à 10 heures de lumière par jour pendant 4 à 6 semaines. Elle prospère dans un endroit chaud et ensoleillé ; l'idéal est donc un rebord de fenêtre orienté à l'est ou à l'ouest du printemps à l'automne. Une orientation au sud est parfaite pour les mois d'hiver. Choisissez une pièce fraîche, dans laquelle règne un maximum de 15 °C, mais souvenez-vous que le kalanchoé est sensible aux courants d'air et aux variations de température.

Arrosage et fertilisation

Arrosez avec parcimonie pendant la saison de croissance, soit du dessus, soit par la base. Veillez à ne pas détremper le terreau et à assurer un bon drainage. Cette plante peut accepter des conditions plus sèches au niveau des racines. Réduisez encore les arrosages après la floraison mais ne laissez jamais la motte se dessécher complètement.

Toutes les 3 semaines pendant la pleine croissance ou la floraison, apportez un engrais liquide, à mi-dose.

Maladies et parasites

Un arrosage trop abondant provoquera un développement excessif des feuilles, qui vont alors se ramollir et seront exposées à toutes les infections. Dans ce cas, laissez la plante sécher et se rétablir, puis taillez les pousses pour favoriser un port buissonnant et la production de feuilles de taille normale.

Les cochenilles farineuses laissent des dépôts blancs duveteux aux aisselles des feuilles. Retirez les insectes avec un tampon d'ouate trempé dans de l'alcool à brûler et arrosez la plante avec un insecticide biologique pour éliminer les œufs et les larves.

Les vertus dépolluantes

Le kalanchoé est une plante très résistante, qui nécessite peu de soins, et a surtout la vertu d'absorber certains polluants intérieurs, tels que les ondes électromagnétiques.

Astuces

Évitez de mouiller les feuilles lors de l'arrosage et ne vaporisez pas la plante, car une atmosphère humide est néfaste à sa santé et à sa croissance.

Les grandes panicules de fleurs durent de nombreuses semaines et doivent être supprimées dès qu'elles sont fanées.

kentia

Howea forsteriana Arécacées

Plante efficace contre
le benzène,
l'hexane

Pièces de la maison
entrée, salon, près
du garage

Ce palmier élégant et de robuste constitution est facile à entretenir. Ses feuilles pennées vert foncé et bien espacées retombent gracieusement à partir d'un tronc unique. La plante adulte peut produire des grappes de fruits vert jaunâtre, mais les chances d'en obtenir sont limitées dans un intérieur classique.

Espèces et variétés

Il est parfois difficile de faire la différence entre les deux espèces *Howea forsteriana* et *H. belmoreana*, c'est pourquoi il arrive qu'on les confonde.

Où le placer ?

Par égard à sa hauteur et à son envergure ambitieuse, le kentia doit être placé dans une pièce vaste : une entrée ou un salon aux beaux volumes. Placez-le dans un coin de la pièce afin qu'il n'occupe pas tout l'espace.

mi-ombre,
sans soleil direct

15 °C, 10 °C
au minimum
en hiver

non

généreux
au printemps
et en été

éventuellement
tous les 3 ans

araignées rouges

Taille et port

À l'intérieur, prévoyez que le kentia atteindra environ 2,40 m de hauteur et 1,80 m d'envergure. Cela prendra plusieurs années néanmoins, car il s'agit d'une plante à croissance lente.

Lumière et température

Cette plante peut supporter une ombre dense mais n'émettra aucune nouvelle pousse si elle ne séjourne pas à mi-ombre, sans soleil direct. Elle prospère à une température constante, d'environ 15 °C, qui ne doit pas descendre sous 10 °C en hiver. Elle déteste les courants d'air froid.

Arrosage et fertilisation

Ce palmier exigeant un bon drainage et ne devant jamais baigner dans l'eau, il est recommandé d'ajouter du sable au terreau. Arrosez généreusement au printemps et en été et maintenez le terreau humide en permanence. En hiver, réduisez un peu ce taux d'humidité : arrosez du dessus et videz l'excédent d'eau de la soucoupe au bout de 30 minutes environ. Apportez un engrais liquide complet pour plantes d'intérieur tous les 15 jours au printemps ainsi qu'en été.

Maladies et parasites

Le soleil direct et une atmosphère sèche provoquent un brunissement des feuilles, tandis qu'un arrosage excessif fera brunir la totalité de la plante. Les feuilles inférieures faneront naturellement ; ne vous inquiétez donc que si la plante entière est affectée. Dans ce cas, transférez le pot à l'ombre et vaporisez régulièrement. Laissez le terreau se dessécher et réduisez l'arrosage.

Un arrosage insuffisant fait jaunir les feuilles. Baignez alors le pot dans un récipient rempli d'eau jusqu'à ce que les bulles cessent de se former à la surface, ce qui prendra 10 à 20 minutes, et laissez l'excédent d'eau s'égoutter avant de replacer la plante dans sa soucoupe.

Astuces

Vaporisez souvent le feuillage si la plante séjourne dans une pièce bénéficiant d'un chauffage central.

Nettoyez régulièrement les feuilles avec une éponge humide sous peine que les stomates soient bouchés et que la plante souffre. Évitez les produits lustrants.

Les vertus dépolluantes

Le kentia est efficace contre le benzène, issu notamment des produits d'entretien et des parfums d'ambiance divers, mais aussi contre l'hexane, une substance présente dans les vapeurs d'essence : si votre entrée est vaste et jouxte le garage, vous savez ce qu'il vous reste à faire !

langue-de-belle-mère

Sansevieria trifasciata Agavacées

Plante efficace contre
le formaldéhyde,
le benzène,
le xylène,
le toluène,
le trichloréthylène

Pièces de la maison
salon, bureau, cuisine, chambre, garage, atelier

Cette plante semble indestructible ; elle pousse quasiment n'importe où et supporte la négligence comme aucune autre. Ses feuilles épaisses offrent un superbe arrière-plan à d'autres végétaux et, dans de bonnes conditions, des petites fleurs parfumées s'épanouissent au printemps et au début de l'été.

Espèces et variétés

Les feuilles de la variété 'Laurentii', présentée ici, sont marginées de jaune. L'espèce *Sansevieria trifasciata* est plus petite et de teinte unie. Parmi les autres variétés colorées, citons 'Golden Hahnii', qui forme des rosettes de 15 cm de haut composées de feuilles margées de crème et d'une grappe de minuscules fleurs jaunes au centre, et 'Moonshine', aux grandes feuilles vert pâle bordées d'une très fine ligne sombre.

Où la placer ?

La langue-de-belle-mère, très résistante, peut trouver sa place dans le salon, le bureau, la cuisine, la chambre et même le garage ou l'atelier, car elle supporte des conditions extrêmes. Vous pouvez aussi la placer sur un rebord intérieur de fenêtre ou dans l'angle d'une pièce.

modérée ou
situation ensoleillée

10 °C

au printemps
et en été dans de
bonnes conditions

modéré

rarement,
au printemps

otiorrhynques

Taille et port

La langue-de-belle-mère arbore des feuilles dressées, charnues, lancéolées et dotées d'une petite épine à la pointe. Minces et pouvant atteindre 1 m de haut ou plus, elles sont striées d'argent sur fond vert foncé et bordées de jaune beurre.

Lumière et température

Cette plante apprécie une ombre légère ou une situation ensoleillée. Elle prospère à une température d'environ 10 °C et résiste aux courants d'air, ce qui en fait un sujet idéal pour un rebord de fenêtre.

Arrosage et fertilisation

Arrosez modérément du printemps à l'automne, et laissez le terreau se dessécher avant de l'humidifier de nouveau, car cette plante peut supporter de longues périodes sans eau. En hiver, maintenez le terreau tout juste humide et ne laissez pas d'eau s'accumuler au centre des rosettes de feuilles. Arrosez du dessus et videz l'excédent d'eau de la soucoupe au bout de 30 minutes. Une fois par mois pendant la croissance, apportez une dose légère d'engrais foliaire pour plantes vertes.

Maladies et parasites

Un excès d'arrosage, surtout en hiver, provoque un jaunissement et un dépérissement des feuilles ; dans ce cas, supprimez-le, maintenez le terreau sec et transférez la plante dans un endroit plus chaud et éclairé, pour stimuler la repousse.

Un pourrissement à la base est dû au froid ; la plante a été cultivée à une température proche du gel. Dans ce cas, transférez-la dans un endroit plus chaud et coupez les feuilles gelées.

Les vertus dépolluantes Cette plante s'avère efficace pour éliminer en partie le benzène, le formaldéhyde, le xylène, le toluène et le trichloréthylène. Comme elle est longiligne et résiste à des conditions extrêmes, ne vous privez pas de l'installer au cœur de votre maison, où elle pourra vivre de longues années.

Astuce

La langue-de-belle-mère étant très résistante, vous pouvez partir en vacances l'esprit tranquille car elle n'exige aucune disposition spéciale.

lierre commun

Hedera helix Araliacées

Plante efficace contre
le formaldéhyde,
le benzène,
le toluène, le xylène,
le trichloréthylène

Pièces de la maison
salon, bureau,
chambre, cuisine, salle
de bains, atelier, pièces
refaites

Ce lierre qui se prête à tous les décors peut être cultivé en suspension ou en contenant, ou encore être guidé le long d'un mur ou d'un treillis pour offrir une toile de fond ornementale à d'autres plantes. Il est facile à cultiver, à condition que la pièce ne soit pas trop chaude.

Espèces et variétés

Il existe des centaines de variétés du lierre commun. Parmi les plus intéressantes, citons 'Chicago', de taille moyenne et à feuilles vertes, 'Chicago Variegated', aux feuilles bordées de crème, 'Little Diamond', aux feuilles en losange gris-vert panachées de blanc-crème, et 'Sagittaefolia', aux feuilles sagittées, qui existe aussi en forme panachée de vert et de jaune pâle.

Où le placer ?

Le lierre commun se porte bien dans la plupart des pièces car il supporte aussi bien une lumière vive que tamisée. Il s'avère très utile à proximité des meubles neufs, près des produits d'entretien et dans les pièces qui viennent d'être refaites.

vive à modérée, mais sans soleil direct

entre 0 et 18 °C

non

2 à 3 fois par semaine en été, 1 fois en hiver

au printemps

cochenilles à carapace ou farineuses, araignées rouges

Taille et port

Les tiges de cette plante rampante buissonnante produisent des racines adventives qui s'accrochent à presque toutes les surfaces. Elle peut atteindre 6 x 5 m mais, en intérieur, elle se limite à 2,40 x 1,50 m environ.

Lumière et température

Le lierre se développe harmonieusement sous une lumière vive à tamisée pourvu qu'il soit protégé du soleil direct. Il doit aussi être éloigné des appareils de chauffage. Cette plante supporte des températures très variées, du point de gel à 18 °C, mais elle n'apprécie guère les variations importantes. Elle tolère aussi les courants d'air. La plupart des lierres tirant profit d'une période de dormance en hiver, sortez-le, le cas échéant, d'une pièce équipée du chauffage central afin de ralentir le plus possible la croissance.

Arrosage et fertilisation

Arrosez modérément pendant la saison de croissance et laissez le terreau se dessécher légèrement entre deux arrosages. Par les températures froides d'hiver, arrosez avec parcimonie. Arrosez du dessus et videz l'excédent d'eau de la soucoupe au bout de 30 minutes environ.

Apportez un engrais liquide pour plantes vertes toutes les 2 semaines au printemps et en été.

Maladies et parasites

Un manque d'eau et une atmosphère trop sèche sont responsables du flétrissement des feuilles. Vaporisez quotidiennement la plante d'eau à température ambiante et transférez-la à un emplacement plus frais. Maintenez le terreau humide, surtout en été.

Astuces

Des feuilles décolorées à l'aspect sec signalent la présence d'araignées rouges. Vous trouverez leurs toiles aux extrémités des pousses et aux aisselles des feuilles.

Améliorez l'hygrométrie et traitez la plante avec un insecticide biologique.

Les vertus dépolluantes Le lierre est à installer en priorité au sein de son habitat. Il s'avère en effet très doué pour absorber le formaldéhyde, le benzène (90 % de ce produit sont éliminés dans une pièce en 24 heures), le toluène, le xylène et le trichloréthylène.

maranta

Maranta leuconeura Marantacées

Plante efficace contre
le formaldéhyde

Pièces de la maison
entrée, salon, chambre, bureau, pièces refaites

Originaire des forêts équatoriales, le maranta est aussi appelé « plante qui prie », « plante religieuse » ou « plante dormeuse » en raison de la forme de ses feuilles qui se replient sur elles-mêmes le soir, comme si des mains se rejoignaient pour prier, ou comme si la plante s'endormait.

Espèces et variétés

Il existe deux autres espèces assez courantes : *Maranta bicolor*, au feuillage joliment teinté de rouge, et *M. arundinacea*, aussi appelée « herbe à flèches » et cultivée pour ses rhizomes.

Où le placer ?

Vous pouvez installer votre maranta dans le salon, la chambre ou sur un guéridon dans l'entrée.
Il agrémentera également votre bureau, que ce soit chez vous ou sur votre lieu de travail. Il sera très efficace dans une pièce que vous venez de refaire ou près de meubles neufs.

modérée,
et sans soleil direct

entre 21 et 27 °C le jour, entre 16 et 21 °C la nuit

non

2 fois par semaine au printemps et en été, 1 fois par semaine en hiver

tous les 2 ans

cochenilles, araignées rouges

Taille et port

Le maranta n'est pas très grand : il atteint au mieux entre 20 et 40 cm de haut, mais il a tendance à s'étaler en largeur. Il présente des feuilles allongées et pointues, à la nervure blanche ou rouge, et se pare de traits vert clair et vert foncé. Il pousse lentement mais sûrement, produisant de nouvelles pousses tout au long de la belle saison.

Lumière et température

Cette plante s'épanouit sous une lumière modérée, sans soleil direct. À l'état sauvage, elle pousse en effet dans les sous-bois tropicaux. C'est d'ailleurs l'une des seules plantes aux feuilles panachées qui ne réclame pas une lumière vive. Quant à la température, elle doit osciller entre 21 et 27 °C le jour, et entre 16 et 21 °C la nuit.

Arrosage et fertilisation

Arrosez tous les 3 jours au printemps et en été, pendant la période de croissance, et 1 fois par semaine en hiver ; le substrat doit toujours rester humide. Vaporisez fréquemment. Fertilisez tous les 15 jours au printemps et en été.

Rempotez-le à l'achat, puis tous les 2 ans environ, dans un terreau destiné aux plantes vertes d'intérieur. Attention, lors de cette opération, à ne pas blesser ses racines qui, pour la plupart, poussent en surface.

Maladies et parasites

Le maranta est parfois victime d'invasions d'araignées rouges ou de cochenilles. éliminez-les avec un tampon d'ouate imbibé d'eau, puis pulvérisez un traitement préventif biologique et vérifiez vos autres plantes.

Si les feuilles brunissent, c'est que votre maranta est situé dans un endroit trop chaud : baissez le chauffage ou déplacez-le.

Astuces

Coupez les vieilles feuilles jaunes et fanées qui enlaidissent la plante à l'aide de ciseaux ou d'un petit sécateur.

Choisissez un pot plus large que haut pour un bon développement des rhizomes.

Les vertus dépolluantes

Cette plante capte une partie du formaldéhyde présent dans l'environnement. Elle est également efficace pour vérifier l'humidité de l'air : si ses feuilles restent enroulées, c'est que l'air est trop sec ; il faut alors baisser le chauffage ou accrocher un saturateur rempli d'eau au radiateur.

orchidée dendrobium

Dendrobium sp. Orchidacées

Plante efficace contre
le monoxyde
de carbone

Pièces de la maison
salon, chambre

Cette plante d'intérieur gracieuse et élégante, que l'on se plaît à contempler, n'a pas son pareil pour aider à se relaxer. Originaire d'Australie, d'Asie et de Nouvelle-Zélande, elle est assez facile à entretenir si les conditions lui sont favorables.

Espèces et variétés

L'orchidée dendrobium compte plus de 1 500 espèces ; citons entre autres *Dendrobium fimbriatum*, aux fleurs jaune-orangé, *D. anosmum*, portant des fleurs mauves, *D. nobile*, aux fleurs blanc-rosé, et *D. thyrsiflorum*, offrant de très nombreuses fleurs jaunes et blanches.

Où la placer ?

Cette orchidée peut être placée sur un rebord de fenêtre bien lumineux (évitez toutefois le plein nord), dans le salon voire dans une chambre, si la luminosité est suffisante.

assez vive

entre 13 et 18 °C
en hiver,
16 et 24 °C en été

en hiver
et au printemps

assez abondant
en été,
plus léger en hiver

tous les 2 ou 3 ans

pucerons,
araignées rouges,
champignons

Taille et port

Elle pousse à l'état sauvage dans les arbres, sans se nourrir de leur sève ; c'est donc une fleur épiphyte et non parasite. Le genre *Dendrobium* appartient à la famille des orchidées, qui regroupe plus de 1 000 espèces.

L'orchidée dendrobium présente de magnifiques fleurs, généralement blanches ou violettes ; assez petites, elles sont nombreuses sur une même ramification.

Lumière et température

L'orchidée a besoin de lumière. Elle ne craint pas le soleil direct quelques heures par jour. La température qu'elle réclame s'accorde bien avec celle qui règne généralement au sein de nos habitats : 13 à 18 °C en hiver, et 16 à 24 °C en été.

Arrosage et fertilisation

Arrosez-la généreusement en été et modérément en hiver, de manière à ce que les bulbes ne se racornissent pas. Vaporisez régulièrement votre orchidée, notamment en été, pour éviter qu'elle ne se dessèche. Veillez à la fertiliser régulièrement car cette plante, dans de bonnes conditions d'entretien et d'environnement, peut atteindre une taille impressionnante.

Rempotez votre orchidée après achat, car le terreau vendu avec n'est pas toujours d'excellente qualité. Puis rempotez-la tous les 2 ou 3 ans, quand le substrat est sur le point de se décomposer ; vous éviterez ainsi que les racines ne pourrissent. Placez des billes d'argile et des écorces de pin au fond du pot pour épargner aux racines une trop grande humidité.

Maladies et parasites

Elle peut être envahie par des colonies de pucerons ou d'araignées rouges si l'air est trop sec ; c'est pourquoi il est essentiel de la vaporiser.

Un arrosage trop abondant peut entraîner l'apparition de champignons ; veillez à ce que le terreau ne soit jamais détrempé.

Les vertus dépolluantes

L'orchidée dendrobium a la capacité d'absorber une grande quantité de monoxyde de carbone et de libérer de l'oxygène la nuit, ce qui est idéal pour assainir votre environnement.

Astuces

Les fleurs restent épanouies pendant une période qui varie entre une semaine et plusieurs mois, selon les espèces. Vaporisez légèrement durant la floraison.

L'orchidée dendrobium n'est pas très difficile à cultiver ni à entretenir ; c'est pourquoi elle est recommandée aux jardiniers en herbe.

palmier d'Arec

Chrysalidocarpus lutescens Arécacées

Plante efficace contre
le formaldéhyde,
le xylène,
le benzène,
le toluène

Pièces de la maison
salon, bureau, cuisine,
salle de bains

Ce palmier provient des forêts de Madagascar, aux fortes précipitations et à la chaleur moite. Il est très apprécié dans nos maisons pour son aspect exotique et son entretien assez facile, mais surtout pour ses vertus dépolluantes et sa transpiration importante, qui permet d'augmenter l'humidité ambiante.

Espèces et variétés

Parmi les espèces de *Chrysalidocarpus* existant, *Chrysalidocarpus lutescens* est la seule à être cultivée en intérieur.

Où le placer ?

Le palmier d'Arec est la plante d'intérieur idéale pour décorer votre salon et votre bureau ; il peut aussi être installé dans votre cuisine ou votre salle de bains, pourvu que l'air soit suffisamment humide et tiède.

assez vive, mais pas directement au soleil

entre 18 et 24 °C, 13 °C au minimum

au printemps dans des conditions idéales

2 fois par semaine en été, moins en hiver

tous les 3 à 4 ans

araignées rouges, thrips

Taille et port

Formé de longues palmes d'un beau vert lumineux retombant légèrement vers l'extérieur, le palmier d'Arec peut atteindre la taille de 1,80 m en intérieur. Au sein de sa forêt natale, il peut mesurer jusqu'à 12 m de haut. Jeune, il n'occupe pas beaucoup de place, mais en vieillissant, il développe de nombreuses palmes plus envahissantes.

Lumière et température

Le palmier d'Arec a besoin d'une lumière assez vive, sans soleil direct. Il doit être éloigné de toute source de chauffage, sinon son feuillage aérien se dessèche. Vous pouvez le placer non loin d'une fenêtre exposée au sud, ou encore sous une verrière ou dans une véranda si vous avez la chance d'en posséder. Dans ces dernières conditions, il pourra être amené à fleurir au printemps.

Maintenez une température comprise entre 18 et 24 °C. Veillez à ne jamais descendre en dessous de 13 °C, même sur une courte période, sous peine de voir dépérir votre palmier.

Arrosage et fertilisation

Gardez le terreau humide ; arrosez 2 fois par semaine en été et un peu moins au fur et à mesure que les jours raccourcissent. Comme toutes les plantes qui aiment l'humidité, ce palmier doit être vaporisé régulièrement, faute de quoi il jaunirait et attirerait les maladies et parasites.

Apportez-lui un engrais complet toute l'année, 1 fois par mois, sauf en hiver.

Maladies et parasites

Si l'atmosphère est trop sèche, le palmier d'Arec peut faire l'objet d'attaques d'araignées rouges ; dans ce cas, les feuilles prennent une couleur argentée. L'attaque des thrips provoque, quant à elle, de petites lésions couleur argent.

Si des taches brunes constellent les feuilles, c'est sans doute que le substrat est trop mouillé ; laissez sécher le terreau avant d'arroser à nouveau.

Les vertus dépolluantes

Le palmier d'Arec élimine une grande partie du formaldéhyde, du xylène, du benzène et du toluène. Sa transpiration importante lui permet également d'augmenter l'humidité de la pièce.

Astuce

Pour nettoyer ses feuilles, vous pouvez le vaporiser avec de l'eau dans laquelle vous aurez dilué un peu de savon de Marseille. Rincez soigneusement.

palmier bambou

Chamaedorea seifrizii Arécacées

Plante efficace contre
le benzène,
le trichloréthylène,
le formaldéhyde,
le xylène

Pièces de la maison
salon, chambre,
atelier, dressing,
près du garage

Cet élégant palmier, qui provient des sous-bois tropicaux du Mexique et du Guatemala, est très courant dans nos maisons, comme beaucoup d'autres espèces de palmiers. Facile à entretenir, décoratif et exotique à souhait, il est aussi plébiscité pour ses vertus dépolluantes.

Espèces et variétés

Cette espèce est très proche de l'espèce *C. elegans* ou palmier nain. Toutes deux possèdent des vertus dépolluantes, une élégance exotique et une solide résistance à la négligence.

Où le placer ?

Le palmier bambou est à l'aise partout. Son action dépolluante, qui s'exerce sur de nombreux produits toxiques, en fait une plante de choix à placer près d'un atelier, d'un dressing ou du garage. On peut aussi le valoriser davantage en le disposant au salon ou dans la chambre.

modérée, mais pas directement au soleil

entre 16 et 24 °C, 10 °C au minimum en hiver

au printemps

terreau à maintenir humide

1 fois tous les 4 à 5 ans

cochenilles, araignées rouges

Taille et port

Sa forme évoque celle du bambou, d'où son nom. Ses cannes sont surmontées de feuilles en plumeau, retombant joliment autour du tronc. À la base du pot apparaissent de petits rejets qui viennent pousser autour de la plante. Il croît lentement, pour atteindre une taille adulte maximale de 1,80 m.

Lumière et température

Poussant à l'état sauvage dans les sous-bois, il croît dans une lumière modérée, à l'abri du soleil direct et des courants d'air froids. Sa température idéale se situe entre 16 et 24 °C. En hiver, veillez à ne pas lui imposer moins de 10 °C.

Arrosage et fertilisation

Cette plante tropicale aime l'humidité, spécialement en hiver, quand le chauffage de votre maison a tendance à la dessécher. Pensez à la vaporiser régulièrement. Arrosez généreusement pendant la période de croissance. En hiver, il vous suffira de maintenir le substrat humide.

Le palmier bambou n'a pas de gros besoins en fertilisation ; c'est pourquoi vous vous contenterez de surfacer le pot avec du compost.

Maladies et parasites

Moins sujet aux maladies que le palmier d'Arec, il est pour cette raison souvent privilégié dans nos habitats et nos bureaux, au détriment de son cousin. Toutefois, des invasions de cochenilles et d'araignées rouges peuvent survenir si l'atmosphère de la pièce est trop sèche. Dans ce cas, ôtez les parasites à l'aide d'un tampon d'ouate humide, vérifiez vos autres plantes et vaporisez régulièrement pour prévenir une nouvelle infestation.

Les vertus dépolluantes Ce petit palmier vert est d'une efficacité redoutable pour absorber le benzène (présent notamment dans les gaz d'échappement), le trichloréthylène (présent dans le linge nettoyé à sec), le formaldéhyde et le xylène. Comme il transpire beaucoup, il permet également d'augmenter l'humidité de l'air ambiant.

Astuce

Dans de bonnes conditions d'entretien, votre palmier bambou pourra fleurir au printemps, même à l'intérieur.

palmier nain

Chamaedorea elegans Arécacées

Plante efficace contre
le formaldéhyde,
le xylène,
le benzène,
le trichloréthylène,
l'ammoniac

Pièces de la maison
entrée, salon, bureau, cuisine, chambre, salle de bains

Le palmier nain est le plus répandu de tous les palmiers d'intérieur. S'il jouit d'une bonne luminosité, de petites fleurs jaunes réunies en panicules, suivies de petits fruits, peuvent éclore au bout de quelques années.

Espèces et variétés

Cette plante est parfois vendue sous l'appellation de *Neanthe bella*.

Où le placer ?

Installez-le dans la cuisine ou la salle de bains, qui sont dotées d'une hygrométrie élevée convenant à cette plante ; également dans l'entrée, le salon, le bureau ou la chambre, où vous penserez à le vaporiser tous les jours.

vive ou modérée
mais pas
directement au soleil

16 °C,
13 °C au minimum

fleurs jaunes
pouvant éclore
après quelques
années

généreux pendant
la période
de croissance

tous les ans
au printemps pour
une plante jeune

cochenilles
farineuses ou
à carapace,
araignées rouges

Taille et port

Le palmier nain a une croissance assez lente, mais la plante adulte atteindra la taille respectable de 3 m de haut, avec une touffe terminale de 45 cm de diamètre. Il produit des feuilles arquées pennées de 60 cm à 1 m de long, portées par des tiges dressées en forme de bambous. Les feuilles se composent de folioles de 8 à 10 cm de long partant d'une nervure centrale robuste.

Lumière et température

Cette plante demande une lumière vive ou une mi-ombre, mais doit rester à l'abri du soleil de midi. Elle convient à des pièces sans courants d'air, où la température est de 13 °C minimum de jour comme de nuit. Quand la croissance démarre, elle apprécie un peu plus de chaleur, 16 °C dans l'idéal.

Arrosage et fertilisation

Arrosez généreusement pendant la saison de croissance mais, en hiver, n'apportez que la quantité d'eau nécessaire pour humidifier la surface du terreau. Arrosez du dessus et videz l'excédent d'eau de la soucoupe au bout de 30 minutes environ. Ne laissez pas la plante baigner dans un fond d'eau, sous peine que les racines pourrissent.

Apportez un engrais liquide pour plantes vertes toutes les 2 ou 3 semaines du milieu du printemps à la fin de l'été, pour stimuler la croissance.

Maladies et parasites

Les feuilles brunes sont le signe d'un arrosage excessif, sauf pour les feuilles les plus anciennes qui virent naturellement au brun avant de tomber. Si le problème est lié à l'arrosage, coupez les feuilles abîmées et laissez sécher avant d'arroser à nouveau.

Astuces

Supprimez les fleurs dès leur apparition de façon à ne pas épuiser la plante.

Avec l'âge, les feuilles inférieures se détachent du tronc les unes après les autres. Pour que la plante conserve une allure nette, coupez-les soigneusement avec un couteau bien aiguisé quand elles se fanent.

Dépoussiérez régulièrement les feuilles avec un linge humide. N'utilisez pas de produit lustrant.

Les vertus dépolluantes

Cette plante facile à entretenir, élégante et robuste, absorbe nombre de toxiques présents dans notre habitat : c'est la plante rêvée. Par ses feuilles et par ses racines, elle élimine le formaldéhyde, le xylène, le benzène, le trichloréthylène et l'ammoniac.

phalangère

Chlorophytum comosum Anthéricacées

Plante efficace contre
le formaldéhyde,
le monoxyde
de carbone,
le toluène,
le benzène,
le xylène

Pièces de la maison
entrée, salon, cuisine

Cette plante à croissance rapide, facile à soigner, est très appréciée. On la cultive pour son feuillage, porteur de plantules et de petites fleurs blanches. C'est l'une des plantes d'intérieur les plus rustiques, dotée d'une grande capacité d'adaptation. Elle est aussi appelée « plante-araignée ».

Espèces et variétés

Très proche de la variété 'Variegatum' présentée ici, 'Vittatum' arbore des feuilles vertes à rayure centrale blanc crème.

Où la placer ?

La phalangère n'est pas du tout fragile ; on peut la placer dans l'entrée, le salon, la cuisine, la poser sur un meuble, à même le sol ou l'installer en suspension.

- vive mais pas directement au soleil
- entre 10 et 15 °C, 4 °C au minimum
- au printemps et en été
- généreux en été, plus léger en hiver
- quand la plante se soulève dans son pot
- cochenilles, pucerons, araignées rouges

Taille et port

À l'âge adulte, cette plante forme une rosette de feuilles arquées rayées de vert et de blanc, pouvant mesurer jusqu'à 45 cm de long. Les fleurs, de 1 à 2 cm de diamètre, éclosent au printemps et en été ; elles sont réunies en grappes et accompagnées de petites plantules qui pèsent sur les tiges et les font ployer.

Lumière et température

La phalangère apprécie une lumière vive, sans soleil direct. Elle se maintient à des températures descendant jusqu'à 4 °C et à l'ombre, mais souffre dans des pièces chaudes et sèches équipées du chauffage central si l'hygrométrie est insuffisante. La température idéale se situe entre 10 et 15 °C.

Cette plante doit être protégée des courants d'air et perdra sa panachure colorée si elle séjourne constamment à l'ombre.

Arrosage et fertilisation

Au printemps et en été, quand la plante est en pleine croissance et produit des plantules, arrosez-la généreusement, mais laissez le terreau se dessécher presque entièrement entre deux arrosages. Réduisez l'arrosage en hiver et maintenez le terreau presque sec par températures basses. Arrosez du dessus et videz l'excédent d'eau de la soucoupe au bout de 30 minutes environ. Apportez un engrais liquide pour plantes vertes, à mi-dose, tous les 15 jours du printemps à la fin de l'été.

Maladies et parasites

En cas de malnutrition, les extrémités des feuilles virent rapidement au brun, ce qui gâche l'allure de la plante et ralentit sa croissance.

Les feuilles au centre de la plante deviennent brunes et visqueuses en cas d'arrosage excessif dans des conditions fraîches. Supprimez les feuilles affectées et laissez la surface du terreau se dessécher entre deux arrosages.

Les feuilles sont molles et décolorées quand elles souffrent d'un excès de chaleur et d'une lumière insuffisante. Transférez la plante à un emplacement bien éclairé où la température ne dépasse pas 15 °C.

Les vertus dépolluantes

La phalangère absorbe non seulement une bonne quantité de formaldéhyde (7 µg par heure) mais aussi le monoxyde de carbone, le toluène, le benzène et le xylène.

Astuces

Vaporisez fréquemment les feuilles pour les nettoyer.

Les feuilles sont tendres et s'abîment facilement ; installez donc la plante à un emplacement où elles ne seront pas heurtées et ne frotteront pas contre des objets.

philo

Monstera deliciosa Aracées

Plante efficace contre
le formaldéhyde,
le monoxyde
de carbone

Pièces de la maison
hall, salon, loft

Cette plante très courante et facile à cultiver offre des feuilles vert foncé, cordiformes au stade juvénile, puis perforées et profondément lobées. Adulte, elle présente parfois des fleurs blanches qui rappellent le lys, suivies de fruits comestibles verts et durs, appelés « fruits de l'arbre à pain ».

Espèces et variétés

Monstera deliciosa a longtemps été nommé *Philodendron pertusum* et il arrive qu'il soit encore vendu sous ce nom. La variété 'Variegata' présente des feuilles panachées de vert et de crème. Cette plante est parfois confondue avec le philodendron arborescent (*Philodendron selloum* ou *P. bipinnatifidum*).

Où le placer ?

Installez de préférence votre philodendron dans une vaste pièce : hall, salon, loft, à l'abri du soleil direct.

vive ou modérée, mais pas directement au soleil

entre 18 et 21 °C, 10 °C au minimum

rares

terreau à maintenir humide

tous les 2 ou 3 ans

rares

Taille et port

En intérieur, la plante mesure 3 m de haut en moyenne, voire plus ; en raison de son port étalé, elle exige beaucoup d'espace car ses feuilles peuvent atteindre jusqu'à 60 cm de long.

Lumière et température

Cette plante s'épanouit à mi-ombre mais supporte aussi une lumière vive, pourvu qu'elle soit protégée du soleil direct. La température idéale pour une croissance active se situe entre 18 et 21 °C, mais la plante survivra jusqu'à 10 °C. Une chaleur importante encourage la production de feuilles luxuriantes, enroulées et pendantes. À une température plus fraîche, le feuillage est plus coriace et résistant.

Arrosage et fertilisation

Maintenez le terreau légèrement humide en toute saison, mais jamais détrempé. Ne le laissez jamais se dessécher complètement entre deux arrosages. Arrosez du dessus et videz l'excédent d'eau de la soucoupe au bout de 30 minutes environ. Apportez un engrais foliaire pour plantes vertes, à mi-dose, tous les 15 jours pendant la saison de croissance.

Maladies et parasites

Si l'extrémité des feuilles brunit et si des zones sombres apparaissent, c'est que la température est trop froide ou l'atmosphère trop sèche. Il suffit d'améliorer les conditions de culture pour que la plante se rétablisse assez rapidement.

Le manque de lumière, les courants d'air froids, un arrosage insuffisant et la malnutrition entraînent un sous-développement des feuilles en tête de la plante, qui sont alors sans perforation. Attention cependant : il est normal que les jeunes feuilles ne soient pas encore découpées. Ne taillez pas les racines aériennes, qui fournissent une humidité vitale aux feuilles supérieures.

Les vertus dépolluantes

Cette plante grimpante aux feuilles très découpées absorbe le formaldéhyde ; ses grandes feuilles permettent une bonne oxygénation de votre habitat. Elle lutte aussi efficacement contre la fumée de cigarette.

Astuces

Vaporisez souvent les feuilles si la pièce bénéficie d'un chauffage central et, dans le cas d'un tuteur moussu, maintenez la mousse humide en la vaporisant quotidiennement d'eau tiède

Si vous souhaitez obtenir une plante haute et dotée de grandes feuilles, prenez soin des racines aériennes. Fixez celles de la base dans le terreau avec des cavaliers et les autres sur un tuteur moussu ; si vous les coupez, les feuilles seront plus petites.

philodendron arborescent

Philodendron selloum ou *Philodendron bipinnatifidum* Aracées

Plante efficace contre
le formaldéhyde

Pièces de la maison
entrée, salon, bureau, chambre, cellier, atelier

Adoptez cette jolie plante même si votre logement manque de luminosité car c'est une bonne dépolluante. Originaire des forêts tropicales du Brésil, habituée à un environnement ombragé, elle supporte bien de vivre dans des pièces sombres.

Espèces et variétés

Le genre Philodendron comporte plus de 700 espèces ; citons, entre autres, celles qui présentent un intérêt pour la dépollution intérieure : *Philodendron scandens*, *P. erubescens* et *P. monstera deliciosa*.

Où le placer ?

Le philodendron arborescent peut être placé dans l'entrée, le salon, le bureau et la chambre, sur un meuble ou sur une console neufs ou récemment cirés : il absorbera les toxiques qui envahissent l'atmosphère. Si vous avez un cellier ou un atelier suffisamment chauds et humides, vous pouvez également l'y installer car il ne souffrira pas du manque de luminosité.

très modérée et pas directement au soleil

entre 15 et 25 °C

non

abondant en été, plus léger en hiver

tous les 2 ou 3 ans

cochenilles farineuses

Taille et port

Il s'agit d'une petite plante en forme d'arbuste (d'où son nom) et aux tiges solides. Elle se distingue par ses belles feuilles dressées, d'un vert luisant, au bord découpé. Elle peut atteindre rapidement 1 m de haut et s'étaler en largeur : pensez-y avant de choisir son emplacement.

Lumière et température

Cette plante présente l'avantage de ne pas avoir besoin de lumière : elle se plaît à l'ombre et ne rechigne pas à grandir dans les lieux sombres. Protégez-la du soleil direct et éloignez-la des sources de chaleur artificielles comme les radiateurs, qui contribueraient à la dessécher.

Veillez à maintenir constamment sa température entre 15 et 25 °C. Ne descendez jamais au-dessous de 15 °C afin de ne pas compromettre sa santé.

Arrosage et fertilisation

Arrosez abondamment en été et moins généreusement en hiver. Dans tous les cas, le substrat doit rester humide. Pensez également à vaporiser régulièrement votre plante, qui a soif d'humidité ; ce procédé l'aide non seulement à maintenir ses feuilles bien vertes mais aussi à se protéger contre les maladies et les parasites qu'attire une plante affaiblie. Apportez-lui un engrais pour plante verte du printemps à l'automne, à raison d'1 fois par mois.

Maladies et parasites

Des cochenilles farineuses peuvent coloniser la plante et pomper sa sève : ôtez-les avec un tampon d'ouate humide, vaporisez régulièrement et surveillez vos autres plantes.

Si les feuilles s'affaissent, votre philodendron est sans doute victime d'un pourrissement des racines provoqué par un arrosage excessif ; laissez sécher le substrat complètement avant de reprendre l'arrosage.

Les vertus dépolluantes

Cette plante absorbe en partie le formaldéhyde et possède l'avantage de transpirer beaucoup, augmentant ainsi l'hygrométrie.

Astuces

Si les tiges de votre plante ont tendance à s'affaisser, maintenez-les avec des tuteurs ; choisissez des tuteurs qui absorbent en partie l'eau du terreau, afin de bien hydrater la partie supérieure de la plante.

philodendron grimpant

Philodendron scandens Aracées

Plante efficace contre
le formaldéhyde

Pièces de la maison
entrée, salon, bureau, cage d'escalier

Le philodendron grimpant est facile à cultiver ; il résiste à la négligence et à des conditions de culture médiocres. Dans son habitat naturel, la jungle, il s'accroche aux troncs. Il s'adaptera à n'importe quelle pièce pourvu que vous lui procuriez un support solide ou que vous le laissiez ramper.

Espèces et variétés

Par ses feuilles en forme de cœur et ses tiges fines et souples qui lui permettent de grimper, de retomber, ou même de tapisser un mur, *Philodendron scandens* évoque le lierre des bois.

Où le placer ?

Cette plante robuste, qui peut croître dans un environnement peu éclairé, est parfaite pour agrémenter le salon et les pièces de passage comme l'entrée ou la cage d'escalier. On peut également la placer dans un bureau.

modérée ; vive en hiver, mais pas directement au soleil

entre 15 et 25 °C

non

copieux pendant sa période de croissance

tous les ans pour les petites plantes

cochenilles, pucerons, araignées rouges, fumagine

Taille et port

Les feuilles luisantes caractéristiques de ce philodendron, cordiformes, ont une belle durée de vie et mesurent au moins 10 cm de long. Cette plante a un port vigoureux, et ses tiges minces et cassantes grimpent indéfiniment tant qu'elles ne sont pas pincées.

Lumière et température

Ce philodendron supporte une ombre légère, mais en hiver il apprécie d'être plus près de la lumière. Il doit néanmoins être protégé du soleil direct et des courants d'air en toutes saisons.

Arrosage et fertilisation

Arrosez copieusement ce philodendron pendant sa saison de croissance, lorsqu'il produit de nouvelles pousses. Lors de sa courte dormance de milieu d'hiver, donnez-lui assez d'eau pour empêcher le terreau de se dessécher complètement. Arrosez-le du dessus et videz l'excédent d'eau de la soucoupe au bout de 30 minutes environ. Apportez à la plante jeune une demi-dose d'engrais liquide à chaque arrosage et une dose complète à la plante adulte.

Maladies et parasites

Des marques noires sont provoquées par une maladie cryptogamique, la fumagine : un champignon qui se développe sur le miellat collant sécrété par les pucerons et autres insectes suceurs ; dans ce cas, nettoyez les feuilles avec un linge humide et traitez la plante avec un insecticide biologique.

Si des taches d'un jaune brunâtre apparaissent sur les feuilles, c'est que la plante est exposée aux courants d'air et aux variations de température, ou encore qu'elle subit un arrosage excessif.

Les vertus dépolluantes

Que vous ayez la main verte ou que vous soyez un jardinier débutant, vous pourrez adopter ce philodendron grimpant car il s'avère particulièrement résistant. Il possède la faculté de capter le formaldéhyde, même si ce n'est qu'en quantité limitée : environ 2 µg par heure.

Astuces

Vaporisez ses feuilles d'eau tiède tous les jours.

Il peut être guidé le long d'un tuteur moussu et produit alors des racines aériennes qui absorbent les nutriments et l'humidité de l'air ; enfoncez ces racines dans la mousse pour aider la plante à s'accrocher et à fournir de l'humidité aux feuilles supérieures.

Pratiquez une taille de nettoyage au besoin. Pincez de temps à autre l'extrémité des pousses pour favoriser un port buissonnant.

philodendron « oreilles d'éléphant »

Philodendron domesticum ou *Philodendron tuxla* Aracées

Plante efficace contre
le formaldéhyde

Pièces de la maison
entrée, salon, bureau, chambre

Cette plante originaire du Brésil est parfois vendue sous le nom de Philodendron hastatum. Elle tire son nom commun de la forme de ses feuilles, qui ressemblent à des oreilles d'éléphant. Elle est prisée pour ses vertus décoratives et dépolluantes.

Espèces et variétés

Il existe beaucoup d'espèces de philodendrons particulièrement originales. *Philodendron scandens* 'Aureus', variété présentée ici, se distingue par la couleur jaune d'or de son feuillage tandis que *Philodendron domesticum* surprend par la forme insolite de ses feuilles.

Où le placer ?

Le philodendron « oreilles d'éléphant » peut être installé dans une entrée, un salon, un bureau ou une chambre. Il sait détruire le formaldéhyde souvent présent dans les meubles neufs ainsi que dans les peintures.

modérée

entre 16 et 21 °C,
13 °C au minimum,
24 °C au maximum

rare, fleurs jaunâtres

terreau à maintenir humide

tous les 2 ans, au printemps

cochenilles, araignées rouges

Taille et port

Cette plante n'est pas très imposante ; elle pousse plus lentement que les autres philodendrons. À maturité, elle présente des feuilles longues et pointues, d'un beau vert, d'une longueur de 17 cm et d'une largeur de 10 cm. Elle peut parfois produire des fleurs jaunâtres, tirant vers le blanc, mais rarement quand elle vit en intérieur.

Lumière et température

Issu des Tropiques, ce philodendron préfère la chaleur, la lumière modérée et l'humidité. Idéalement, la température devrait osciller entre 16 et 21 °C, ne pas descendre au-dessous de 13 °C et ne jamais monter au-dessus de 24 °C.

Arrosage et fertilisation

Veillez à garder le sol toujours humide, mais évitez qu'il soit détrempé pendant la période de croissance. Arrosez moins en hiver, période de dormance de la plante. Vaporisez-la fréquemment, elle raffole de l'humidité.

Fertilisez-la avec de l'engrais liquide régulièrement tout au long de l'année. Rempotez-la tous les 2 ans au printemps, avec un terreau additionné de sable ou de graviers pour un meilleur drainage.

Maladies et parasites

Ce philodendron résiste assez bien aux insectes et aux parasites. Parfois, il peut être victime d'attaques de cochenilles et d'araignées rouges ; éliminez-les avec un tampon d'ouate imbibé d'eau et vérifiez vos autres plantes. Ses racines peuvent pourrir si la terre est trop froide et trop mouillée ; dans ce cas, laissez sécher le substrat à mi-hauteur avant d'arroser à nouveau et augmentez la température de la pièce.

Astuces

Débarrassez régulièrement ses feuilles de la poussière, de préférence à l'aide d'une éponge naturelle humide.

Le philodendron « oreilles d'éléphant » n'est pas une plante grimpante : vous devrez donc lui procurer des tuteurs si elle a tendance à s'affaisser. Choisissez des tuteurs qui absorbent l'eau du terreau, cela aidera la plante à assimiler l'humidité dont elle a besoin.

Les vertus dépolluantes

Le philodendron « oreilles d'éléphant » a la capacité d'absorber le formaldéhyde. Ses grandes feuilles, qui fournissent une transpiration intense, permettent d'augmenter l'hygrométrie d'une pièce.

philodendron rouge

Philodendron erubescens Aracées

Plante efficace contre
le formaldéhyde

le trichloréthylène

Pièces de la maison
entrée, cuisine, salle
de bains, grenier, cellier

Également appelée « philodendron roux », cette plante originaire d'Amérique du Sud a été importée en Europe en 1854. À l'état sauvage, elle pousse dans les forêts tropicales humides le long des arbres, à l'abri du soleil direct. On la distingue de loin grâce à sa couleur rouge caractéristique.

Espèces et variétés

Parmi les 700 espèces de philodendrons existant, le philodendron rouge est, selon les études scientifiques publiées, celle qui possède les meilleures vertus dépolluantes. La variété 'Red emerald' est très efficace.

Où le placer ?

Préférez les pièces qui possèdent un taux d'humidité assez élevé pour installer ce philodendron : cuisine, salle de bains, grenier, cellier ou encore entrée, pourvu qu'elles soient assez chaudes et à l'abri de la lumière. Il a également toute sa place dans les pièces qui renferment des meubles neufs ou qui viennent d'être refaites.

très modérée

entre 16 et 21 °C

non

terreau à maintenir humide

tous les 2 ou 3 ans

cochenilles, araignées rouges

Taille et port

En intérieur, il peut atteindre jusqu'à 2 m de haut, ce qui est beaucoup moins que dans la forêt. Il est pourvu de feuilles d'un beau vert vif sur le dessus, strié de nervures jaunes, le dessous comportant des reflets rougeoyants, d'où son nom. Leur taille peut atteindre 25 cm de long pour 20 cm de large ; elles se terminent en pointe et sont divisées en deux parties par une nervure plus pâle. Les pétioles, tirant sur le violet comme les tiges, peuvent atteindre 25 cm.

Lumière et température

Il doit être installé dans un endroit peu lumineux, comme dans sa forêt d'origine. Préservez-le de la lumière vive et surtout du soleil direct. Éloignez-le des sources de chaleur directe afin de prévenir sa déshydratation. Quant à la température, elle doit osciller entre 16 et 21 °C, ne pas descendre au-dessous de 10 °C ni monter au-dessus de 24 °C.

Arrosage et fertilisation

Pour éviter le pourrissement des racines, gardez le substrat humide, sans le détremper. Vous pouvez toutefois diminuer l'arrosage en hiver. N'oubliez pas de vaporiser la plante régulièrement ainsi que le tuteur, le cas échéant, afin qu'elle puisse mieux s'accrocher à ce support.

Offrez-lui un engrais liquide pendant la saison de croissance, à raison d'1 ou 2 fois par mois.

Maladies et parasites

Si l'air est trop sec, des araignées rouges et des cochenilles peuvent coloniser la plante.

En revanche, si le substrat est détrempé, vous risquez un pourrissement des racines. Dans le premier cas, débarrassez-vous des parasites à l'aide d'un coton d'ouate imbibé d'eau ; dans le second, laissez sécher complètement le substrat avant de recommencer à arroser.

Les vertus dépolluantes

Il est très efficace contre le formaldéhyde et le trichloréthylène et très facile à entretenir. Sa transpiration n'est pas non plus négligeable.

Astuce

Vous pourrez offrir à cette plante grimpante un tuteur recouvert de mousse, que vous veillerez à vaporiser régulièrement pour l'aider à bien se tenir.

pin de Norfolk

Araucaria heterophylla Araucariacées

Plante efficace contre
le formaldéhyde,
le xylène,
le trichloréthylène

Pièces de la maison
entrée, salon, véranda,
serre, pièces refaites

Encore appelé « araucaria », « sapin d'appartement » ou « sapin de Norfolk », ce conifère provient de l'île de Norfolk, en Nouvelle-Zélande. On le trouve encore à l'état sauvage dans son milieu d'origine, où il peut atteindre 50 m de haut. Il est très résistant au vent et aux autres intempéries.

Espèces et variétés

Il existe d'autres espèces d'araucarias : citons *Araucaria araucana*, encore appelé pin du Chili, *Araucaria bidwillii*, ou pin Bunya, ou encore *Araucaria columnaris*, ou pin colonnaire. Ces trois espèces ne sont pas dépolluantes et ne poussent pas en intérieur.

Où le placer ?

Comme il n'atteindra pas 50 m mais plutôt 3 m en intérieur, vous pourrez faire profiter votre habitat de sa forme harmonieuse et de ses vertus dépolluantes. Placez-le dans une pièce lumineuse : entrée, salon, véranda, serre, ainsi que dans les pièces que vous venez de refaire ou qui sont meublées avec des éléments neufs en bois aggloméré.

vive ou modérée

entre 18 et 22 °C,
5 °C au minimum

non

modéré

tous les 2 à 3 ans

cochenilles,
pucerons

Taille et port

On trouve de petits pins de Norfolk de 30 à 50 cm de haut, qui grandiront jusqu'à 2 ou 3 m. Cette plante croît lentement, d'environ un tiers de la longueur de ses branches par saison de croissance, au printemps et en été. Elle est d'un vert tendre quand ses épines sont jeunes, puis d'un vert plus foncé à mesure qu'elles vieillissent.

Lumière et température

Le pin de Norfolk aime la lumière, vive ou modérée, une fois qu'il est adulte ; les jeunes arbustes doivent être placés sous une lumière modérée ou à l'ombre. Maintenez la température ambiante entre 18 et 22 °C, en veillant à ne pas descendre en- dessous de 5 °C en hiver, même pendant de courtes périodes.

Arrosage et fertilisation

Arrosez modérément pendant la saison de croissance ; le substrat doit sécher sur 2 cm entre deux arrosages ; si, en hiver, les aiguilles commencent à tomber, c'est sans doute que vous lui donnez trop d'eau ; dans ce cas espacez vos arrosages. Veillez toutefois à le vaporiser régulièrement toute l'année pour qu'il conserve ses aiguilles luisantes et d'une belle couleur verte.

Fertilisez-le régulièrement durant la période de croissance avec de la terre de bruyère ou du compost.

Maladies et parasites

Le pin de Norfolk peut, dans de rares cas, être infesté de pucerons et de cochenilles. Débarrassez-vous des parasites avec un morceau d'ouate humide, traitez le pin avec un produit préventif biologique et vérifiez vos autres plantes.

Les vertus dépolluantes

Le pin de Norfolk absorbe une petite quantité de formaldéhyde. Sa transpiration est assez importante, ce qui permet d'améliorer l'hygrométrie de votre habitat.

Astuces

Vous pouvez le sortir en été et le disposer à un endroit ombragé, en le protégeant des courants d'air.

Pour les fêtes de fin d'année, il peut faire office de sapin de Noël. Faites bien attention, en le décorant et en ôtant les guirlandes, à ne pas abîmer ses petites branches fines et fragiles, et à ne pas arracher ses épines. Continuez à le vaporiser durant cette période.

plante-paon

Calathea makoyana Marantacées

Plante efficace contre
le formaldéhyde

Pièces de la maison
salon, véranda

La plante-paon offre un feuillage original aux motifs très décoratifs, d'où son nom. Les feuilles, minces comme du papier à cigarette, sont presque transparentes. Cette plante est difficile à cultiver car elle exige des conditions très stables, mais elle mérite ces efforts.

Espèces et variétés

Calathea ornata, dont les feuilles sont plus petites, est parfois vendue sous le nom de plante-paon. Il existe en réalité une large gamme de calatheas ayant des exigences de culture identiques. L'une des espèces les plus répandues est *C. zebrina*.

Où la placer ?

La plante-paon est fragile et nécessite une température assez élevée : placez-la de préférence dans le salon ou dans la véranda, à même le sol ou sur un meuble, à l'abri des courants d'air.

modérée

23 °C, 18 °C au minimum

non

régulier

au printemps tous les 2 ans

cochenilles, araignées rouges, pucerons

Taille et port

Cette plante se développe en touffes désordonnées et atteint environ 60 cm de haut. Les feuilles, portées par des pétioles minces, mesurent à peu près 30 cm de long. Elles sont à dominante vert argenté sur le dessus et le revers pourpre arbore les mêmes dessins que la face supérieure, dans une alternance de tons clairs et sombres.

Lumière et température

Il s'agit d'une plante délicate,qui se flétrit sous un soleil trop fort ou à une température trop basse. Elle exige une situation ombragée pour offrir ses plus belles teintes foliaires. La température idéale se situe à 23 °C, mais la plante survivra à 18 °C à condition qu'on la protège des courants d'air.

Arrosage et fertilisation

Un arrosage régulier est nécessaire, mais attendez que la surface du terreau soit un peu sèche pour l'humidifier de nouveau. Utilisez de l'eau de pluie ou de l'eau bouillie et refroidie. Arrosez la surface du terreau pour que l'eau s'y infiltre ; veillez à ne pas éclabousser les feuilles. Ne laissez pas la plante baigner dans l'eau et videz l'excédent de la soucoupe. Apportez un engrais liquide à mi-dose lors de l'arrosage pendant la saison de croissance, du printemps à l'automne.

Maladies et parasites

La plante-paon est sujette aux invasions de pucerons, qui sécrètent un miellat collant ; ils se nourrissent des jeunes pousses qui alors se plissent, se déforment et deviennent poisseuses. Lavez délicatement les feuilles avec un savon non détergent pour les éliminer. Coupez les parties trop déformées et installez la plante dans un endroit assez chaud et humide pour qu'elle reprenne des forces. La plante-paon supportant mal les produits chimiques, n'utilisez pas d'insecticide.

Si les feuilles deviennent jaunes et se flétrissent, votre plante a manqué d'eau. Ranimez-la progressivement en humidifiant le terreau et en la transférant dans un endroit assez chaud et humide.

Astuce

Repoussez le feuillage de la main pendant l'arrosage car les éclaboussures provoquent des taches sur les feuilles, ou arrosez par la base.

Les vertus dépolluantes

L'aspect délicat de la plante-paon ne l'empêche pas de figurer dans la liste des plantes dépolluantes : elle élimine le formaldéhyde en partie, et ses grandes feuilles contribuent à purifier l'air de votre maison.

poinsettia

Euphorbia pulcherrima Euphorbiacées

Plante efficace contre
le formaldéhyde

Pièces de la maison
entrée, salon, véranda, escalier, couloir, pièces refaites

Le poinsettia, aussi appelé « étoile de Noël », illumine les fêtes de fin d'année de son feuillage élégant et de ses fleurs éclatantes, qui peuvent durer de 2 à 6 mois. Difficile cependant à faire refleurir, il est souvent cultivé en annuelle.

Espèces et variétés

À l'état naturel, les poinsettias sont de grands arbustes ou de petits arbres, mais ils sont le plus souvent soumis à un traitement à base d'hormones inhibant la croissance qui les maintient entre 30 et 45 cm de haut. On les trouve dans de nombreuses couleurs : la variété 'Barbara' est rouge, 'Dorothe' rose, 'Marble' rose crème et 'Regina' blanc.

Où le placer ?

Le poinsettia se plaît dans un salon bien éclairé. On peut aussi le disposer dans toutes les pièces à décorer pour les fêtes, pourvu qu'elles soient suffisamment fraîches et lumineuses : couloir, escalier, entrée, véranda. Il sera particulièrement efficace placé sur un meuble neuf ou dans une pièce récemment refaite.

vive en hiver, mais pas directement au soleil en été

entre 13 et 15 °C durant la floraison

2 à 6 mois en hiver

généreux en été

tous les 2 ans, s'il est à l'étroit dans son pot

cochenilles, araignées

Taille et port

Les feuilles du poinsettia sont vert foncé à nervures plus claires, de forme elliptique et souvent profondément lobées. Les fleurs, petites et d'un vert jaunâtre, forment un bouquet au centre d'une rosette de bractées aux couleurs vives. Ce sont ces bractées que l'on prend souvent à tort pour les fleurs.

Lumière et température

Une lumière vive est essentielle pendant les mois d'hiver, mais cette plante doit être protégée d'un soleil estival ardent. Elle restera en fleur plus longtemps si elle jouit d'une température stable de 13 à 15 °C.

Arrosage et fertilisation

Maintenez le terreau humide sans le détremper. Laissez-le sécher en surface avant de l'humidifier de nouveau. Arrosez généreusement en été et veillez à ce que les feuilles ne se flétrissent pas. Arrosez du dessus ou par la base. Dans les deux cas, évitez d'éclabousser les feuilles, qui se tachent facilement, et videz l'excédent d'eau de la soucoupe. La fertilisation n'est pas nécessaire pour un poinsettia cultivé en plante annuelle. Si vous souhaitez le conserver une année de plus, faites un apport hebdomadaire d'un engrais généraliste pour plantes d'intérieur, du début de l'été au milieu de l'automne.

Maladies et parasites

Jaunissement et chute des feuilles sont provoqués par un excès d'arrosage et par des courants d'air. Tenez la plante à l'écart des portes et des fenêtres et laissez le compost sécher avant d'arroser à nouveau.

Astuce

Le poinsettia exige 14 heures par jour d'obscurité complète et ininterrompue, pendant 10 semaines à partir du début de l'automne, afin que ses bractées se colorent pour Noël. Tous les soirs, couvrez la plante d'un sac noir du début de la soirée au lendemain matin.

Les vertus dépolluantes

Le poinsettia, outre ses vertus décoratives, a le privilège de détruire le formaldéhyde, à raison de 4 µg par heure. Il assainit l'air de nos maisons en captant les toxiques présents dans les meubles modernes, les garnitures de coussins et de canapés, certains tissus et les peintures et vernis neufs.

pothos

Scindapsus aureus Aracées

Plante efficace contre
le formaldéhyde,
le benzène,
l'hexane,
le monoxyde
de carbone,
le toluène,
le xylène

Pièces de la maison
salon, bureau, atelier,
garage

Le charme de cette plante tient à sa panachure jaune moutarde et verte. Dans la nature, elle s'accroche à l'écorce des arbres et grimpe le long des troncs. Sujet idéal à guider sur un tuteur moussu, facile à cultiver, elle résiste à toutes sortes de conditions, surtout à une faible luminosité.

Espèces et variétés

Parmi les variétés les plus répandues de cette plante, souvent vendue sous le nom d'*Epripremnum pinnatum*, on compte 'Marble Queen', aux marbrures blanches et vertes, et 'Golden Queen', aux feuilles jaunes maculées de vert. Ces deux variétés très décoratives sont plus difficiles à cultiver et exigent une situation bien éclairée, mais sans soleil direct.

Où le placer ?

Le pothos est parfait pour capter les polluants non seulement dans l'atelier et le garage mais aussi dans le bureau et le salon, posé sur un meuble ou un guéridon hors d'atteinte des enfants et des animaux, car il s'avère toxique.

modérée

autour de 18 °C, entre 10 et 13 °C au minimum en hiver

non

léger

au printemps

botrytis (pourriture grise), pucerons

Taille et port

Ses feuilles cordiformes offrent des panachures jaunes ou blanches et sont portées par des tiges souples, rampantes et ramifiées. Celles-ci peuvent atteindre jusqu'à 1,80 m de haut et produire des racines aériennes sur toute leur longueur.

Lumière et température

Le pothos ne supportant pas une forte luminosité, il pâlit et s'anémie s'il n'est pas cultivé à l'ombre. C'est cette dernière qui lui permet de conserver ses stries jaunes caractéristiques. Il prospère à une température chaude, environ 18 °C, mais s'il est protégé des courants d'air en hiver, il peut supporter une atmosphère plus fraîche (entre 10 et 13 °C), à condition qu'elle reste sèche.

Arrosage et fertilisation

Cette plante n'apprécie pas un arrosage excessif ; laissez donc le terreau se dessécher presque entièrement avant de l'humidifier de nouveau. Arrosez du dessus et videz l'excédent d'eau de la soucoupe au bout de 30 minutes environ. En hiver, quand elle est en dormance, contentez-vous de maintenir le terreau légèrement humide. Apportez un engrais liquide tous les 15 jours pendant la période de croissance, du printemps à l'automne.

Maladies et parasites

La pourriture grise laisse apparaître des zones brunes sur les feuilles quand les tissus affectés s'affaissent et meurent ; supprimez les feuilles atteintes et vaporisez la plante de fongicide biologique.

Les feuilles se recroquevillent si l'atmosphère est trop sèche. Vaporisez fréquemment la plante d'eau tiède ou plongez le pot dans un contenant plus grand, garni de tourbe ou de mousse de sphaigne humide.

Astuces

Vaporisez régulièrement les feuilles en été. Si la plante séjourne dans une atmosphère chaude et seche, posez le pot sur un plateau garni de graviers humides.

Gardez les pousses bien ordonnées et nettoyez régulièrement les feuilles avec un linge humide.

Les vertus dépolluantes

Cette jolie plante est à privilégier au sein de votre habitat car elle capte nombre de polluants intérieurs : le formaldéhyde, le benzène, l'hexane le xylène, le toluène et le monoxyde de carbone.

syngonium

Syngonium podophyllum Aracées

Plante efficace contre
le xylène,
le formaldéhyde,
le monoxyde de
carbone

Pièces de la maison
chambre d'enfant,
atelier, garage, école,
pièces refaites

Parent du philodendron, le syngonium arbore des feuilles spectaculaires, à trois ou cinq lobes. Cette liane est souvent cultivée le long d'un tuteur moussu. Elle prospère à l'intérieur pourvu qu'on lui fournisse les conditions appropriées. Dans le langage courant, on l'appelle également « patte d'oie ».

Espèces et variétés

La variété 'Albolineatum' est la plus répandue, car elle forme deux types de feuilles : les juvéniles sont vert foncé et sagittées ; les adultes sont soit composées, soit lobées et ornées de belles marques argentées. 'Emerald Green' est une forme compacte, 'Green Gold' et 'Imperial White' sont très séduisantes.

Où le placer ?

Le syngonium trouve sa place dans les lieux où l'on manipule produits toxiques et solvants : l'atelier, le garage, les pièces qui viennent d'être refaites et celles où l'on manipule des feutres, des marqueurs, des colles et des peintures diverses, comme les chambres d'enfants et les écoles ; il doit cependant rester dans un endroit inaccessible à l'enfant car sa sève est irritante.

vive, mais pas directement au soleil

entre 15 et 21 °C

non

terreau à maintenir humide en phase de croissance

tous les 2 ans

cochenilles, pucerons

Taille et port

Les feuilles de la plante adulte mesurent environ 20 cm de long et sont portées par des pétioles minces de 60 cm de long. Elle n'est pas encline à se ramifier, les pétioles se développant tous à partir du point de croissance central. Guidée le long d'un tuteur moussu, elle peut atteindre entre 1,50 et 1,80 m de haut.

Lumière et température

Il apprécie une lumière vive, mais doit être protégé du soleil direct. Il supporte bien une température de 15 à 21 °C ; il s'accommode aussi du chauffage central et d'une hygrométrie faible. Veillez à ce que la température hivernale ne descende pas en dessous de 15 °C.

Arrosage et fertilisation

Maintenez le terreau humide pendant la saison de croissance et ne le laissez jamais se dessécher. Réduisez la quantité d'eau si la température est basse. Arrosez du dessus et videz l'excédent de la soucoupe au bout de 30 minutes environ. Apportez un engrais pour plantes vertes toutes les 2 semaines.

Maladies et parasites

Si les feuilles se recroquevillent, c'est que l'atmosphère est trop sèche ; vaporisez régulièrement le feuillage d'eau de pluie à température ambiante. Abritez la plante des courants d'air, qui provoquent la chute des feuilles.

Les vertus dépolluantes

Le syngonium est surtout efficace pour éliminer le xylène, mais il absorbe également le formaldéhyde et, grâce à la taille conséquente de ses feuilles, capte bienle monoxyde de carbone.

Astuces

Vaporisez quotidiennement la plante si elle grimpe le long d'un tuteur moussu, car les racines aériennes ont besoin d'humidité pour se développer. La vaporisation est également utile aux plantes en pot si la température ambiante est plutôt élevée. Posez le pot sur un plateau garni de graviers humides pour augmenter l'hygrométrie.

Rabattez les tiges qui poussent de façon désordonnée pour conserver une silhouette équilibrée. La sève étant irritante, portez des gants lorsque vous manipulez la plante.

tulipe

Tulipa gesneriana Liliacées

Plante efficace contre
le formaldéhyde,
l'ammoniac,
le xylène

Pièces de la maison
entrée, salon, cuisine

La tulipe est une fleur très répandue, que l'on a coutume de cultiver dans les jardins mais qu'il est également possible de faire pousser à l'intérieur, d'autant qu'elle possède des vertus dépolluantes, embellit les maisons de ses couleurs vives et peut être replantée d'une année sur l'autre.

Espèces et variétés

Parmi les espèces les plus connues et les plus proches de *Tulipa gesneriana*, citons *Tulipa clusiana*, qui s'épanouit en fleurs petites et longues, et *T. sprengeri*, l'espèce la plus tardive, qui s'épanouit fin mai en fleurs rouge vif à l'intérieur et plus clair à l'extérieur.

Où la placer ?

Cette plante très décorative a besoin de lumière et de chaleur et peut donc être installée dans la cuisine, où elle éliminera les nombreux composants toxiques de l'atmosphère. Elle a aussi sa place dans le salon ou dans l'entrée, sur un rebord de fenêtre pour égayer à la fois votre pièce et la rue, ou encore sur un meuble neuf riche en formaldéhyde.

vive, soleil direct

entre 13 et 21 °C

en hiver et au printemps

2 à 3 fois par semaine

non mais le bulbe peut être conservé et replanté

pucerons

Taille et port

Sa taille, ses couleurs et sa forme varient selon les espèces (il en existe plus de cent, et plus de 5 000 variétés). En général, elle mesure de 20 à 60 cm de haut.

Lumière et température

La tulipe se plaît à une température oscillant entre 13 et 21 °C et prospère donc à l'intérieur de nos habitats. Elle doit être exposée au soleil direct, ou du moins à une lumière vive : une autre bonne raison pour l'installer sur le rebord intérieur de votre fenêtre.

Arrosage et fertilisation

Veillez à toujours laisser le terreau humide, en arrosant votre plante 2 à 3 fois par semaine. La tulipe étant saisonnière, il est inutile de la fertiliser.

Vous pouvez vous procurer des tulipes déjà fleuries dans une jardinerie ou acheter des bulbes et les planter. Si les bulbes ont été réfrigérés par votre horticulteur, plantez-les aussitôt. Sinon, placez-les dans le bac à légumes de votre réfrigérateur pendant 6 semaines, puis plantez-les dans un terreau classique, à une profondeur de 2 fois la hauteur du bulbe, en maintenant entre eux une distance de 5 à 10 cm.

Maladies et parasites

La tulipe peut être sujette à une colonisation de pucerons ; dans ce cas, retirez-les à l'aide d'un tampon d'ouate humide, vaporisez un insecticide biologique contre les pucerons et vérifiez vos autres plantes.

Les vertus dépolluantes

La tulipe se révèle efficace pour absorber certains polluants de l'atmosphère intérieure, tels que le formaldéhyde, l'ammoniac et le xylène.

Astuce

À l'extérieur, plantez vos tulipes entre le mois d'octobre et la mi-décembre, pour une floraison au printemps. Vous pourrez ultérieurement les déplacer dans la maison, si l'écart de température entre l'extérieur et l'intérieur n'est pas trop grand.

vase d'argent

Aechmea fasciata Broméliacées

Plante efficace contre
le formaldéhyde

Pièces de la maison
entrée, salon, serre

Originaire du Brésil, le vase d'argent ne ressemble à aucune autre plante. À l'état sauvage, il grandit sur les branches des arbres ou sur des rochers. Il est depuis peu très apprécié sous nos latitudes, tant pour sa forme originale et exotique que pour sa facilité d'entretien.

Espèces et variétés

Le vase d'argent comprend plusieurs variétés, dont 'Lauren', une variété aux feuilles marginées de crème, pouvant éventuellement tirer sur le rouge, ou encore'Morgana', une variété très courante, aux feuilles vertes zébrées d'argent.

Où le placer ?

Le vase d'argent apprécie la lumière assez vive ; vous pourrez donc le placer dans une serre, un salon bien lumineux, une entrée suffisamment éclairée ou le bord d'une fenêtre. Posé sur un meuble neuf, il contribuera à capturer une petite partie du formaldéhyde dégagé par celui-ci.

assez vive

entre 16 et 21 °C

1 fois dans sa vie

terreau à maintenir humide

tous les 2 ans

rarement, cochenilles farineuses

Taille et port

Le nom de cette plante vient de sa forme particulière : elle est en effet munie d'un vase (aussi appelé urne) étanche qui, dans son environnement sauvage, lui sert à stocker l'eau pour survivre pendant les périodes de sécheresse.

Le vase d'argent est très recherché pour la couleur vert sombre et luisante de ses feuilles en forme d'épées recourbées, au bord tranchant tirant sur l'argenté, ainsi que pour sa forme insolite, élégante et harmonieuse. Au bout de 5 années, une fleur rose peut apparaître ; elle subsistera plusieurs semaines, mais la plante ne refleurira plus jamais. Adulte cette dernière atteint une taille d'environ 0,50 m.

Lumière et température

Le vase d'argent a besoin d'une lumière assez vive et d'une température qui correspond parfaitement à celle de nos habitats, puisqu'elle doit osciller entre 16 et 21 °C.

L'été, vous pouvez le placer à l'extérieur, dans un lieu semi-ombragé, aux heures les plus fraîches de la journée. Protégez-le des courants d'air et assurez-vous que la température nocturne n'est pas trop fraîche.

Arrosage et fertilisation

Veillez à ce que le terreau reste toujours humide, mais attendez que la surface du sol soit sèche avant d'arroser à nouveau.Apportez de l'engrais liquide, que vous diluerez dans l'eau d'arrosage, tous les 15 jours au printemps et en été. Adoptez un engrais pour plantes vertes ou pour plantes à fleurs. Rempotez la plante tous les 2 ans, en plaçant des billes d'argile au fond du pot.

Maladies et parasites

Le vase d'argent est particulièrement résistant aux parasites, ce qui facilite son entretien. Exceptionnellement, il peut être envahi par des cochenilles farineuses. éliminez-les à l'aide d'un tampon d'ouate imbibé d'eau, vaporisez un insecticide biologique afin d'éviter toute nouvelle contamination et vérifiez vos autres plantes.

Les vertus dépolluantes

Le vase d'argent élimine de petites quantités de formaldéhyde. Sa transpiration n'est pas très abondante malgré la taille de ses feuilles.

Astuce

Si vous avez la chance de voir apparaître des rejets à la base de votre plante, profitez du moment du rempotage pour leur offrir leur propre pot ; vous obtiendrez ainsi plusieurs vases d'argent, à conserver ou bien à offrir.

yucca

Yucca elephantipes Agavacées

Plante efficace contre
l'ammoniac,
le benzène,
le monoxyde
de carbone

Pièces de la maison
entrée, salon, cuisine,
cage d'escalier, couloir,
salle de bains

Cette plante exotique et accommodante prospère aussi bien dans une pièce baignée de soleil et équipée d'un chauffage central qu'à un emplacement semi-ombragé. Elle est robuste et particulièrement bienvenue dans les situations fraîches où d'autres plantes ont du mal à se développer.

Espèces et variétés

Il existe de nombreuses espèces de yuccas. *Y. aloifolia*, par exemple, est une bonne alternative : la pointe acérée terminant ses feuilles exige quelques précautions, mais ses variétés panachées offrent de belles teintes de blanc et de jaune.

Où le placer ?

Disposez le yucca sur un rebord de fenêtre intérieur, dans votre cuisine, afin qu'il élimine les vapeurs d'ammoniac, ainsi que dans le salon, l'entrée, le couloir ou la salle de bains. Il supporte même l'éclairage modéré des couloirs et des cages d'escaliers.

modérée à soleil direct

18 °C,
7 °C au minimum en hiver

non

moyen pendant la croissance, plus modéré en hiver

tous les 2 ans pour une plante jeune

cochenilles à carapace, pucerons, araignées rouges, fumagine

Taille et port

Cette plante est cultivée à partir de sections de troncs qui, une fois plantés, développent des racines et des feuilles. Avec les grands sujets, il est possible de rassembler trois troncs de hauteurs différentes pour obtenir une composition plus imposante. Un beau sujet peut atteindre 1,80 m de haut ou plus en intérieur, ses feuilles vert foncé, lancéolées et sans épines, mesurant jusqu'à 1 m.

Lumière et température

Le yucca apprécie une lumière vive et même le soleil direct, mais il est également heureux à mi-ombre. Tenez-le cependant à l'écart des verres dépolis qui amplifient l'ardeur du soleil et provoquent la brûlure des feuilles. Il se plaît dans une température moyenne de 18 °C toute l'année, mais supporte jusqu'à 7 °C en hiver.

Arrosage et fertilisation

Imprégnez complètement le terreau pendant la saison de croissance mais laissez-le se dessécher avant d'arroser à nouveau ; ses racines charnues permettent à cette plante de supporter de courtes périodes de sécheresse. Arrosez avec parcimonie pendant la dormance hivernale, particulièrement en conditions fraîches. Arrosez du dessus et videz l'excédent d'eau de la soucoupe au bout de 30 minutes. Apportez un engrais liquide pour plantes vertes toutes les 2 semaines du printemps à l'automne.

Maladies et parasites

Un arrosage excessif provoque le pourrissement des racines puis l'effondrement de la plante. Un manque de lumière entraîne le jaunissement des feuilles : dans ce cas, coupez-les sans hésiter et transférez la plante à un emplacement plus lumineux.

Les vertus dépolluantes

Le yucca, très apprécié pour son aspect exotique et sa résistance, permet d'éliminer l'ammoniac, souvent présent dans les produits d'entretien stockés dans la cuisine et la salle de bains, ainsi que le benzène et le monoxyde de carbone.

Astuces

Vaporisez la plante de temps à autre d'eau à température ambiante.

Placez le pot dans un cache-pot décoratif en céramique, car cette plante est lourde et risque de basculer d'elle-même ou au moindre choc.

Dépoussiérez les feuilles avec un linge humide. N'utilisez pas de produit lustrant.

annexes

index

D

E

F

R

S

T

V

W-X-Y

crédits photographiques

Shutterstock
2-3, 6-7, 15-27, 32-33, 36, 40, 44, 48, 52, 56, 60, 64, 68, 72, 76, 80, 84, 88, 92, 100, 104, 108, 112, 120, 124, 128, 136, 140, 144, 148, 152, 156, 160, 164, 168, 180, 184, 204, 208, 212, 216, 220, 224, 228, 232.

Will giles/Marabout
Illustrations 28-31.

Marie O'Hara/Marabout
9, 11, 35, 43, 47, 51, 55, 59, 63, 71, 75, 79, 83, 87, 91, 95, 96, 103, 115, 116, 119, 123, 126, 139, 143, 147, 151, 155, 175, 176, 179, 183, 191, 192, 202, 207, 211, 215, 219, 231

Biosphoto
Visions Pictures : 4, 39, 107, 131, 132, 159, 223, 227.
Claudius Thiriet : 67, 99, 167, 171, 172, 199, 200.
Flora Press / Emotive Images : 163.
Flora Press / Living & More : 195, 196.

MAP
www.map-photos.com
F. Strauss : 111, 135, 187, 188.

1829886
ISBN : 978-2-501-16877-9
Dépôt légal : mars 2022
Achevé d'imprimer en décembre 2022
sur les presses de Pollina, France.

PAPIER À BASE DE FIBRES CERTIFIÉES

MARABOUT
s'engage pour l'environnement en réduisant l'empreinte carbone de ses livres.
Celle de cet exemplaire est de :
850 g éq. CO_2
Rendez-vous sur
www.marabout-durable.fr